REICH
OCULTO

O OCULTISMO NA HISTÓRIA DE HITLER
E DO TERCEIRO REICH

J.H. Brennan

REICH OCULTO

O OCULTISMO NA HISTÓRIA DE HITLER E DO TERCEIRO REICH

Tradução:
Julia Vidili

MADRAS

Publicado originalmente em inglês sob o título *Occult Reich*, por
Ed. Victor Ltd.
© 1974, J.H. Brennan.
Direitos de edição e tradução para o Brasil.
Tradução autorizada do inglês.
© 2019, Madras Editora Ltda.

Editor:
Wagner Veneziani Costa

Produção e Capa:
Equipe Técnica Madras

Tradução:
Julia Vidili

Revisão:
Arlete Sousa
Arlete Genari

Dados Internacionais de Catalogação na Publicação (CIP)
(Câmara Brasileira do Livro, SP, Brasil)

Brennan, J. H.
Reich oculto : o ocultismo na história de Hitler e do terceiro Reich / J. H. Brennan tradução Julia Vidili. — São Paulo : Madras, 2019.
Título original: Occult Reich.
ISBN 978-85-370-0290-2
2ed
1. Alemanha - História - 1933-1945 2. Alemanha - Política e governo - 1933-1945 3. Hitler, Adolf, 1889-1945 4. Nazismo - Alemanha - História 5. Ocultismo - Alemanha - História 6. Partidos políticos - Alemanha I. Título.

07-8545 CDD-133.0943086
Índices para catálogo sistemático:
    1. Ocultismo : Alemanha : Periodo do Terceiro
    Reich, 1933-1945 : História 133.0943086

Proibida a reprodução total ou parcial desta obra, de qualquer forma ou por qualquer meio eletrônico, mecânico, inclusive por meio de processos xerográficos, incluindo ainda o uso da internet, sem a permissão expressa da Madras Editora, na pessoa de seu editor (Lei nº 9.610, de 19.2.98).

Todos os direitos desta edição, em língua portuguesa, reservados pela

MADRAS EDITORA LTDA.
Rua Paulo Gonçalves, 88 — Santana
CEP: 02403-020 — São Paulo/SP
Caixa Postal: 12299 — CEP: 02013-970 — SP
Tel.: (11) 6281-5555/6959-1127 — Fax: (11) 6959-3090
www.madras.com.br

Dedicatória

Para Una, Lee e Iain, com meus agradecimentos.

ÍNDICE

O Mistério Elser 9
O Mundo da Predição 15
Führer Profético 23
Poderes Misteriosos 33
O Mago de Viena 43
Magos Vitorianos 51
Influência Esotérica 59
Iniciado Negro 69
Raízes do Mal 79
Thule 87
Símbolos Sinistros 97
Mago Siberiano 105
Reich Oculto 117
Jesuíta Negro 131
A Ordem da Caveira 141
Astrólogos e Videntes 149

Oposição Esotérica..159
Massagista Místico..169
Sacrifícios Satânicos 179
Nova Luz sobre Velhas Doutrinas..187
O Magnetismo de Hitler..201
Bibliografia 205

Capítulo 1

O Mistério Elser

8 de novembro de 1939. Membros dos Antigos Combatentes – homens que haviam apoiado ativamente o Nacional-Socialismo no início – desfilavam na Bürgerbraukeller de Munique. Apesar das tensões da guerra recém-iniciada, os ânimos estavam alegres. O objetivo do encontro era celebrar o décimo-sexto aniversário do putsch da cervejaria de Munique. As celebrações eram uma data oficial no calendário nazista, um período de discursos, cerveja e reminiscências. Os figurões do partido participavam por uma questão de protocolo, tivessem ou não estado envolvidos no putsch de 1923. Faziam-se especulações acerca da presença de Hitler* naquele ano. Ele sempre comparecera no passado, mas não haviam anunciado suas intenções no rádio ou na imprensa. Os nazistas que sabiam atribuíam esse fato à curiosidade do tempo de guerra e tinham razão, pois Hitler de fato apareceu e fez seu discurso usual.

---

* N.E.: Sugerimos a leitura de *A Estratégia de Hitler – As Raízes Ocultas do Nacional-Socialismo*, de Pablo Jiménez Cores, Madras Editora.

Todavia, algumas coisas se afastaram das normas. Apenas um mês antes, depois de os exércitos alemães invadirem a Polônia, a imprensa nazista pusera nas primeiras páginas o "desejo de paz" do país. Muitos alemães acreditavam nisso e, muito embora a resposta Aliada às "propostas de paz" do Führer houvessem sido – para dizer o mínimo – geladas, permanecia uma sensação geral de que a guerra estaria terminada antes do Natal. Afinal de contas, a razão para as hostilidades – a Polônia – virtualmente deixara de existir. Esse sentimento era fomentado pelo discurso nazista oficial a respeito dos acontecimentos contemporâneos.

Mas nesse momento, por suas próprias razões, Hitler pôs fim ao otimismo. Preveniu sua audiência de que sua terra pátria enfrentaria uma longa guerra. Revelou que já dissera a Göring que se preparasse para cinco anos de lutas. Foi um discurso singular em meio ao clima geral. Também foi curto – muito mais curto do que o costumeiro para a ocasião. Hitler também não seguiu seu costume de permanecer mais um pouco para conversar informalmente sobre os velhos tempos. Deixou o local com sua companhia quando faltavam três minutos para as nove.

Nove minutos depois, uma bomba explodiu logo atrás da tribuna, matando sete pessoas, ferindo 63 e destruindo o salão. O ponto em que Hitler estivera ficou coberto com quase dois metros de detritos. Se ainda estivesse ali, não teria sobrevivido.[*]

Pouco menos de duas semanas depois, em 21 de novembro, o público alemão soube que a Gestapo encontrara o quase assassino. De acordo com Himmler, seria George Elser, de 36 anos, que teria contado com o apoio das sinistras maquinações da Inteligência Britânica. Mas muitas pessoas se recusaram a engolir essa história. Por exemplo, William Shirer, correspondente da

---

[*] N.E.: Sugerimos a leitura de *Objetivo: Caçar o Lobo – A História Real dos Complôs e Atentados para Matar Hitler*, de Gabriel Glasman, Madras Editora.

rádio CBS em Berlim na época, anotou em seu diário de 9 de novembro: "Ninguém ainda sabe quem foi. A imprensa nazista brada que foram os ingleses, o serviço secreto britânico! Ela chega a culpar Chamberlain pelo feito. A maior parte de nós pensa que tudo isso cheira a outro incêndio de Reichstag."[1] Anos mais tarde, ao escrever a edição definitiva de *Ascensão e Queda do Terceiro Reich* (1960), Shirer expressou essencialmente as mesmas suspeitas. O historiador Alan Bullock é ainda mais enfático: "O atentado contra a vida de Hitler", diz ele, "foi organizado pela Gestapo como meio de elevar a popularidade do Führer no país". Em seu *Hitler, a Study in Tyranny* (1952), Bullock descreve como Elser foi tirado do campo de concentração de Dachau e, em troca de sua liberdade, montou a bomba em um pilar próximo ao local em que Hitler estaria. Aparentemente havia um relógio junto com a bomba, mas era apenas questão de aparência, já que não estava conectado ao circuito elétrico que disparou a carga.

É uma teoria interessante, mas bem menos do que uma das afirmações de Bullock. Na verdade, o mistério da bomba nunca foi completamente esclarecido. Uma investigação detalhada acerca da ideia de que Elser seria um mero instrumento dos nazistas mostrou algumas chocantes discrepâncias. Por exemplo, o próprio Hitler parecia não ter sido avisado sobre o plano! Quando a notícia da explosão foi dada a ele no trem, em Nurembergue, seus olhos brilharam de agitação. "Agora estou contente! O fato de eu ter deixado o Bürgerbrau mais cedo do que o costume é uma confirmação da intenção da Providência de me permitir atingir meu objetivo!" Uma atitude rara em um homem que soubesse sobre a bomba o tempo todo! Mas talvez

---

1. Ostensivamente obra dos comunistas em 1933, mas na verdade iniciado pelos nazistas por razões políticas.

ele estivesse apenas representando – pois Hitler era um ator consumado.

Talvez, exceto porque o mistério não termina aí. Elser, o involuntário peão da Gestapo, a quem (temos certeza) prometeram a liberdade e que foi atraiçoado, não fez acusações contra os nazistas. Isso talvez seja compreensível. Mas Elser na verdade *se gabava* de sua tentativa de assassinato e dava todos os sinais de que acreditava mesmo naquilo. Atualmente, poderíamos suspeitar de lavagem cerebral. Em 1939, as técnicas necessárias ainda não haviam sido desenvolvidas.

A comparação de Shirer com o incêndio de Reichstag levanta um outro ponto. Em 1933, os nazistas lançaram mão de Marinus van der Lubbe, um quase-imbecil, para fazer seu trabalho sujo. Um homem assim não pode dar declarações incriminadoras mais tarde, pois ele mal percebe o que está acontecendo. Mas Elser, embora demonstrasse uma inteligência limitada, estava longe de ser um van der Lubbe. Há toda a diferença do mundo entre iniciar um incêndio e instalar uma bomba-relógio. Elser era um marceneiro habilidoso, um competente eletricista e faz-tudo. Esses fatos permanecem, quer acreditemos que ele armou a bomba por ordem da Gestapo ou da Inteligência Britânica, ou simplesmente porque sentiu vontade de matar Hitler sem qualquer ordem de terceiros.

Naquele tempo, e depois, havia testemunhas de alta posição que não demonstraram nenhum cinismo a respeito do complô. Hans Gisevius, ex-oficial do Ministério do Interior da Prússia e um homem que detestava tanto Hitler quanto Himmler, testemunhou em Nurembergue estar satisfeito por não haver nenhum nazista envolvido na trama. É um indício interessante, já que vem de um homem cujo interesse seria mostrar seus velhos arquiinimigos como um par de maquinadores coniventes. O general das SS, Walter Schellenberg, foi ainda mais longe.

Em Nurembergue, declarou ter lido interrogatórios feitos a Elser depois de este ter sido drogado e hipnotizado. Estes, além de suas questões pessoais ao suspeito, o convenceram de que a tentativa de assassinato fora genuína. A lógica deveria nos convencer do mesmo. Será que "*der treue* Heinrich", Himmler, ariscaria a vida do homem que dava sentido à sua existência? Pois, mesmo se a trama fosse forjada, Hitler ainda faria um discurso a poucos centímetros de distância de uma bomba verdadeira e armada. E se, como até mesmo Bullock suspeita, Hitler pessoalmente não sabia da bomba, como teria sido persuadido a encurtar seu discurso e abrir mão de suas reminiscências usuais em seguida? Hitler era notório por sua vontade de ferro. Não há registros de que tenha alguma vez alterado uma decisão já tomada. Será que os membros da corte nazista, que tanto o reverenciavam, arriscariam desafiar essa intransigência férrea com uma margem de segurança de apenas 12 minutos?

Mesmo que ignoremos todas essas considerações, a questão do motivo abre ainda mais caminhos. Tanto Bullock quanto Shirer achavam – com diversos graus de certeza – que a história inteira foi planejada para angariar popularidade a Hitler. Mas Hitler *já* era popular – popular demais para o bem-estar do mundo e popular demais para precisar de um exercício tão perigoso de relações públicas. Mais importante ainda é que apenas um jornal, de toda a imprensa controlada pelos nazistas, trazia a história no dia seguinte; não seria uma boa atitude caso o motivo do plano fosse obter simpatia e popularidade para o Führer. Shirer, na época, achou a reação dos jornais "curiosa". "Incompreensível" seria uma palavra mais exata – ao menos se insistirmos em acreditar em uma armação. E ainda, por que Himmler esperaria duas semanas para encontrar Elser? Uma "prisão" mais rápida teria refletido de forma bem mais favorável em sua tão gabada eficiência.

Mas mesmo que aceitemos, como Gisevius, Schellenberg e, aparentemente, como o próprio Elser, que a tentativa de assassinato foi genuína, ainda deparamos com circunstâncias que são, para dizer o mínimo, estranhas. A tentativa de Himmler de envolver a Inteligência Britânica no caso pode ser deixada de lado como oportunismo. Mas e quanto à pontualidade imaculada de Hitler? Por que, apesar de seu hábito, ele saiu mais cedo? Teria sido pura coincidência? Ou, como proclamou, uma intervenção da Providência?

Ou teria sido alguma outra coisa?

Existe outra explicação, redondamente ignorada pelos historiadores ortodoxos: Hitler tinha capacidades precognitivas. Ele podia, ao menos até certo grau, ver o futuro.

Capítulo 2

O Mundo da Predição

Já se suspeitava da realidade da precognição bem antes de 1939. Ela formava um importante aspecto das investigações feitas pelas Sociedades de Pesquisa Psíquica estabelecidas na Grã-Bretanha desde 1882 e nos Estados Unidos em 1885. A análise estatística dos fenômenos teve início em 1933, quando o dr. J.B. Rhine, na época chefe do Departamento de Parapsicologia da Universidade Duke da Carolina do Norte, iniciou uma série de experimentos com um sujeito chamado Hubert Pearce.

Os métodos de Rhine são bem conhecidos atualmente. Ele usava um baralho especial em suas experiências. O baralho de Zener, como era conhecido, tinha cinco símbolos emocionalmente neutros – um quadrado, um círculo, um grupo de linhas onduladas, uma cruz e uma estrela. Os sujeitos deviam adivinhar qual seria a próxima carta, sob condições que excluíam qualquer chance de obter informações por meio dos cinco sentidos. O número de acertos era então comparado com o total que se esperaria do mero acaso. Quando um voluntário acertava consistentemente em uma proporção maior que a do acaso, dizia-se que estava usando a percepção extrassensorial (PES). Em outras palavras, ele descobrira um modo de obter informações sem lançar mão dos canais normais da visão, audição, tato, paladar ou olfato.

Rhine começou seu trabalho sobre a percepção extrassensorial investigando a telepatia e a clarividência. Em ambos os campos Pearce demonstrou notória capacidade PES. Para os testes de precognição, Rhine lhe pediu que adivinhasse a ordem das cartas, depois embaralhou-as e conferiu a ordem em que haviam ficado. Em outras palavras, o sujeito deveria tentar prever a ordem *futura* do baralho. O nível de acerto de Pearce foi significativamente maior do que o acaso estatístico.

Em junho de 1939, após seis anos de experimentação, o cauteloso dr. Rhine chegara à conclusão de que "os indícios chegaram a um estágio em que algumas novas hipóteses alternativas são necessárias, caso o PES precognitivo não seja considerado como um fenômeno estabelecido." Em 1941, suas ideias receberam confirmações independentes de Londres, onde o dr. Gilbert Soal realizou experiências estritamente controladas com um sujeito chamado Basil Shackleton. Seus métodos eram bastante semelhantes aos de Rhine, exceto porque em vez das cartas de Zener ele usou um baralho com figuras de animais. Apesar dos controles, Shackleton teve mais acertos que a expectativa do acaso. Mesmo dez anos após a experiência, os críticos estavam reduzidos a alegar conspiração e fraude como explicações para o resultado. Mas a reputação de Soal como cientista era mais do que suficiente para sustentar um ataque tão singular.

As experiências de laboratório sobre a precognição continuaram. Elas continuam até hoje. Indícios se acumularam até nossos dias, quando a realidade da precognição está tão bem estabelecida quanto, digamos, a realidade da radiação cósmica. Mas o grau de prova tem pouco impacto na mente pública. De fato, foi apenas muito recentemente e com muita hesitação que a instituição científica como um todo começou a levar a precognição a sério. Como resultado, ela raramente é levada em conta fora da especialidade da parapsicologia. Muitos acadêmicos – e são os acadêmicos, na maior parte, que escrevem nossa História – agarram-se teimosamente à descrença. Ou, se acreditam, continuam confusos sobre a forma como a precognição se manifesta e até onde pode chegar.

Quando, por exemplo, a teoria da capacidade PES de Hitler foi mencionada a um oficial anteriormente ligado ao Almirantado Britânico, ele protestou: "Mas Hitler não podia prever o futuro, senão não teria cometido os erros que cometeu; ele teria vencido a guerra." Uma observação justa – só que não leva em conta a forma como a precognição funciona. Antes que possamos fazer qualquer julgamento, precisamos saber o que um precognitivo pode ou não fazer.

Os testes de adivinhação de cartas podem empolgar os parapsicólogos, mas são um tédio para as pessoas comuns.[2] Por sua própria natureza, eles só podem demonstrar um grau limitado de precognição. Todavia, estabelecem dois pontos importantes com certeza absoluta: 1) é definitivamente possível ver (ou, mais corretamente, sentir) o futuro; 2) nem mesmo os melhores sujeitos estão corretos o tempo todo. E as pesquisas apontam para diversas conclusões adicionais. Por exemplo, o estado emocional de um voluntário pode fazer uma grande diferença em seu desempenho; e um alto nível de interesse é fundamental, de modo que incentivos apropriadamente aplicados podem estimular a PES.

---
2. E para os voluntários que se dispõem a fazê-los. Um dos maiores problemas da pesquisa estatística é evitar o enfado nos sujeitos. Quando estes se entediam, a capacidade PES cai de forma alarmante.

Descobertas soviéticas recentes mostram que as habilidades PES têm vazantes e cheias relacionadas às fases da lua – uma curiosa pista de que as bruxas, que acreditam essencialmente na mesma coisa, talvez saibam mais do que aquilo que lhes foi creditado pela ciência.

Há dois métodos na investigação da PES: o quantitativo e o qualitativo. Até agora discutimos apenas o quantitativo, o longo e pesado fardo dos testes estatísticos em laboratório. Mas o método qualitativo, que trata de experiências *individuais* menos exatas mas bem mais espetaculares de PES, pode ser bem mais adequado no caso das habilidades de Hitler. Existem literalmente milhares de precognitivos que nunca passaram por um teste de adivinhação de cartas. Existe até mesmo uma boa quantidade de paranormais com habilidades reconhecidas de PES que fizeram o teste das cartas e fracassaram! Os cientistas atualmente concordam, embora com relutância, que essa situação simplesmente implica em que talentos tão delicados nem sempre se mostrarão sob condições de laboratório.

Alguns investigadores creem que os precognitivos, na verdade, podem ser muito mais comuns do que pensamos. Como prova, apontam coisas como o fato de que ao menos duzentas pessoas dizem ter predito o desastre de 1966 em Aberfan, no país de Gales, antes que ocorresse. Aberfan teve um impacto particularmente forte na consciência da Grã-Bretanha. Às 9h15 da manhã de 21 de outubro, uma montanha de resíduos de carvão com meio milhão de toneladas que ficava próxima à pequenina aldeia no sul do País de Gales sofreu um deslizamento e soterrou uma escola, um grupo de casas e uma fazenda. Cento e quarenta e quatro pessoas – sendo 116 crianças – perderam a vida.

A experiência de uma das pequenas vítimas é típica das premonições. Eryl Mai Jones, de nove anos, sonhou duas noites antes que "uma coisa preta" caíra sobre sua escola. Disse à sua mãe que não tinha medo de morrer porque "estaria com Peter e June", dois de seus coleguinhas. Atualmente, o corpo de Eryl Mai jaz enterrado entre os corpos de Peter e June.

Outras premonições de Aberfan variaram desde a experiência de Alexander Venn, que teve uma forte sensação de desastre associada à poeira de carvão em 14 de outubro, até a visão de Monica McBean, que viu uma montanha negra se movendo e crianças enterradas debaixo dela momentos antes que isso de fato acontecesse.

Dentre as duzentas premonições, apenas sessenta foram tema de investigação científica cuidadosa. Mas um psiquiatra de Londres, o dr. J.C. Barker, descobriu que, destas, ao menos 22 podiam ser comprovadas independentemente – em alguns casos por até quatro pessoas. Outras duas chegaram a ser escritas antes da tragédia: prova incontestável – se é que havia necessidade de mais provas – da realidade da precognição.

A tragédia atrai as premonições assim como os ímãs atraem limalha de ferro. O número de pessoas que "sabiam" do naufrágio do *Titanic* antes do acontecimento é realmente espantoso. A escritora Morgan Robinson previu a tragédia *14 anos* antes que ocorresse e cerca de 12 anos antes de o *Titanic* sequer ser construído. Os homens e mulheres que previram desastres como Aberfan ou o naufrágio do *Titanic* podem ter tido uma experiência isolada de PES. Todavia, existem indivíduos que não apenas veem o futuro como o fazem com certa consistência. A sra. Jeane Dixon talvez seja o mais conhecido exemplo moderno. Em 1952, e novamente em 1956, ela previu o assassinato do Presidente Kennedy, que ocorreria muitos anos depois. Poucos dias antes do acontecimento, sua premonição voltou: ela "viu" nuvens escuras sobre a Casa Branca. Essa foi sua predição mais conhecida, mas não foi a única. Dentre as outras que viriam, estavam as lutas raciais nos Estados Unidos no fim dos anos 1960. Porém, a sra. Dixon não era infalível. Seu engano mais espetacular talvez tenha sido uma guerra entre os Estados Unidos e a China que não chegou a acontecer.

Isso ocorre até mesmo com os melhores e mais consistentes precognitivos. Eles obtêm acertos interessantes, que indicam habilidade genuína. Mas ainda cometem uma alta porcentagem de enganos, e a pesquisa demonstrou que quanto mais um precognitivo se afasta das predições puramente pessoais, maior a chance de erro.

O exame do trabalho de Edgar Cayce ilustra perfeitamente esta tendência. Cayce, que morreu em 1945, era um dos mais respeitados paranormais dos Estados Unidos. Suas especialidades eram a diagnose e a cura psíquica. Ele tratou de cerca de trinta mil pacientes, muitas vezes com espantosas panaceias, quase sempre com espantoso sucesso. Mas embora fosse bem sucedido no nível da PES pessoal, mostrava um registro bem mais pífio quando se tratava de prever acontecimentos futuros em escala global. Seus discípulos modernos chegam a ser quase comoventes em sua ansiedade por fazer com que acontecimentos subsequentes se encaixem em suas profecias mais malucas, mas o fato é que Cayce não era melhor do que qualquer profeta do cataclismo – e estes costumam ser bem ruins.

O precognitivo vivo com maior número de acertos é, na época em que escrevo (1973), a camponesa cega búlgara Vanga Dimitrova, que atinge um nível de exatidão de 80 %. Mas Madame Dimitrova se recusa a fazer predições políticas. Sob financiamento do governo búlgaro, ela apenas lê o futuro daqueles que a procuram para pedir aconselhamento.

Nada disso sugere que a precognição global é impossível. Em 1915, por exemplo, a Dama Edith Lyttleton fez um experimento com escrita automática que resultou em uma mensagem que incluía as palavras: "A mão esticada para ficar Berchtesgaden

– a nêmese do Destino mais e mais próxima – o elo de Munique, lembre-se disso – Você verá coisas estranhas..."

Entre 1908 e 1918, John Alleyne, um oficial reformado do exército britânico, previu diversas operações da Segunda Guerra Mundial, inclusive a resistência solitária da Grã-Bretanha após a queda da França e os sucessos militares alemães de 1940.

Mas embora seja possível, este tipo de predição parece não ser nada fácil. A maior parte dos precognitivos que se arriscam nesse terreno perigoso naufraga sem deixar traços em um pântano de nonsense espetacular. Mesmo assim os precognitivos, aparentemente, acertam muitas vezes quando tentam prever acontecimentos futuros ligados a pessoas conhecidas. O maior número de acertos ocorre quando suas visões são relacionadas a seu próprio futuro. Como declarou Louisa Rhine, "ele [o precognitivo] sempre é intrigado, aparentemente, por itens, muitos triviais, de seu próprio futuro."

Mas Adolf Hitler era único, até mesmo neste estranho mundo da predição, pois, a partir de 1933, os acontecimentos de seu futuro pessoal estariam cada vez mais ligados ao destino das nações.

Capítulo 3

Führer Profético

Alguns elementos no horóscopo de Hitler prometem uma capacidade profética. Mas será que ele de fato a possuía? Sugestões extravagantes exigem indícios mais fortes.

O estranho é que os indícios não apenas são fortes, como são óbvios. Óbvios demais. A história do Führer foi analisada muitas e muitas vezes, mas o elemento precognitivo sempre foi ignorado. Todavia esse elemento está presente em praticamente todos os principais movimentos políticos de Hitler desde o momento em que ele chegou ao poder até a irrupção da guerra em 1939. Observadores posteriores falaram sobre "temperamento de ferro", "gênio tático" e "compreensão instintiva da psicologia humana". Mas o temperamento de ferro de Hitler era mais aparente que real, seus erros táticos lhe custaram a vitória e sua "compreensão instintiva da psicologia humana" limitava-se em geral à descoberta de que se gritasse com as pessoas, elas ficavam assustadas.

Esta é, obviamente, uma simplificação exagerada. Mas é necessário corrigir essa ideia generalizada. Como Hitler era um político, temos a tendência de avaliar suas ações apenas em termos políticos. Mas se partirmos da premissa de que ele era precognitivo, os mesmos fatos repentinamente passam a fazer mais sentido.

Que fatos são esses?

Hitler chegou ao poder em 1933. Os alicerces de seu poder eram vacilantes. Mesmo assim ele iniciou quase imediatamente uma política secreta de rearmamento. Essa política, obviamente, era contrária aos termos do Tratado de Versalhes, que acabou com a Primeira Guerra Mundial. A análise posterior pode levar à confusão. Sabemos o que aconteceu na década de 1930. Sabemos que a Alemanha teve a permissão de se rearmar e, mais tarde, de usar seus armamentos. Sabemos que Hitler levou isso adiante. Mas em 1934, o ano em que se iniciou seu rearmamento secreto, poucos alemães teriam pensado em prever como os poderes Aliados reagiriam. Os conselheiros políticos achavam que o risco era considerável. Os economistas alemães estavam ainda mais preocupados. A economia da pátria fragilizada já estava bem precária. Não achavam que ela poderia sustentar uma instituição militar por muito tempo. Hitler, sozinho, achava que os Aliados não fariam nada. E embora não se interessasse por economia e ignorasse completamente seus mistérios, discordou inteiramente de seus especialistas. O rearmamento, sentia, fortaleceria a economia alemã em vez de enfraquecê-la.

Política e economicamente (dentro do contexto das ideias da época), as políticas de Hitler não faziam sentido. Mesmo assim, apesar do fato de que ele ainda estava tateando em seu ofício, apesar dos alicerces fracos de seu poder, ele foi adiante. Ele *sabia*...

No final de 1934, o rearmamento alemão era mais ou menos um segredo aberto. Em março de 1935, veio a primeira reação oficial da Grã-Bretanha. Um livro branco do governo publicado no 5º dia daquele mês trazia comentários desfavoráveis sobre o desenvolvimento de um Luftwaffe forte. Os altos oficiais nazistas ficaram perturbados, para dizer o mínimo. Mas a reação de Hitler foi tipicamente arrogante. Em 16 de março, baniu unilateralmente as partes militares do Tratado de Versalhes, introduziu o serviço militar obrigatório e passou a se armar abertamente.

Os Aliados tinham a opção de uma guerra preventiva que, na época, teria sido fácil e rápida. A França, com seu exército tido como o melhor da Europa, exigia ação. Mas a Grã-Bretanha se deteve. No final, os Aliados nada fizeram – como Hitler previra.

Um ano mais tarde, as tropas alemãs ocupavam a Renânia. Era uma afronta direta à França – a mesma França que, como os nazistas agora sabiam, estivera exigindo ação apenas um ano antes. Os soldados franceses e alemães agora se enfrentavam cara a cara. Os generais da Reichswehr estavam nervosos como nunca. Hitler não. Contra qualquer bom-senso, ele sabia que nenhum tiro seria disparado.

E tinha razão. A França fez apelo à Liga das Nações.

Março de 1938. Após semanas de tensão crescente, Hitler finalmente anexou a Áustria. Será que alguém poderia ter predito como os Aliados encarariam esse movimento? Houve violentas reações pessoais em Londres. Ribbentrop, que participava de encontros com líderes britânicos na época, mais tarde admitiu que só conseguira acalmá-los ao sugerir que os relatórios talvez estivessem enganados. Mas Hitler, contra qualquer racionalidade, sentia que não haveria oposição internacional.

E tinha razão.

Se estivéssemos tratando da história de algum paranormal famoso como Peter Hurkos ou Gerard Croiset, teríamos poucas dúvidas – mesmo nesta fase – de que a PES estava por trás de decisões tão inacreditáveis.

Hitler não parou por aí. Sua visão do futuro ainda lhe assegurava que poderia fazer novos movimentos em segurança.

Já em maio de 1938, ele começava a pressionar a Tchecoslováquia, de olho nos Sudetos de população germânica. Em 13 de setembro, a situação se deteriorara de forma tal que Shirer, que na época estava em Praga, anotou em seu diário: "A guerra está muito próxima". Mas as coisas não eram o que pareciam. A guerra não estava próxima, como Hitler – novamente contra a opinião de seus conselheiros militares – parecia sentir. Mesmo a dramática viagem de Chamberlain a Munique não foi aproveitada pelo Führer como a rota de escape de que ele obviamente necessitava. Em vez disso, ele aumentou ainda mais suas exigências.

Foi apenas na segunda viagem de Chamberlain a Munique, em 28 de setembro, que Hitler finalmente concordou com um acordo – o qual, incidentalmente, lhe concedia sem guerra tudo o que queria. Uma aposta fantástica para quem não pudesse prever os resultados.

Mas Hitler ainda não estava satisfeito. Em 15 de março de 1939, as forças alemãs ocuparam a Boêmia e a Morávia. Os Aliados nada fizeram, como Hitler aparentemente previra.

De 1933 até setembro de 1939, quando as tropas alemãs invadiram a Polônia, Hitler não se enganou em nenhum cálculo internacional. De fato, é de se perguntar se sua capacidade precognitiva realmente falhou em setembro.

Nenhum precognitivo vê um panorama do futuro. Ele tem vislumbres ocasionais. Os mais habilidosos podem se concentrar em detalhes específicos para examiná-los melhor, mas a visão mais ampla normalmente é indistinta. Além disso, de modo geral, os precognitivos não obtêm suas misteriosas informações de forma verbal. Como no caso da sra. McBean, que tinha consciência do desastre de Aberfan a muitos quilômetros de distância, ele tinha visões e sonhos. Durante os anos 1930, Hitler deve ter forçado sua capacidade PES em busca da resposta a uma questão recorrente: o que a França e a Grã-Bretanha farão? A resposta vinha sempre repetida: A França e a Grã-Bretanha não farão nada! Mas sendo a mecânica da precognição como é, é improvável que a resposta chegasse a ele nessa forma. O mais provável é que ela fosse expressa em imagens ou impressões. Essas imagens e impressões seriam expressamente relacionadas à atividade militar.

Se supusermos que Hitler extenuou sua estranha capacidade PES para descobrir o que a França e a Grã-Bretanha fariam caso ele invadisse a Polônia, devemos também supor que a resposta era que não fariam nada mais uma vez. Como indicam suas ações subsequentes, suas visões devem ter-lhe mostrado que tudo estava calmo no *front* ocidental.

E suas visões estavam corretas!

Os Aliados declararam a guerra em setembro de 1939, mas não *foram à guerra*. Os soldados alemães e franceses se enfrentaram na fronteira, mas nem um tiro foi disparado. As tropas nazistas (auxiliadas pelos russos) ocuparam a Polônia em tal velocidade que os aliados tiveram de encarar repentinamente um fato consumado que aparentemente representava um prejuízo. Berlim esperou os bombardeios britânicos, mas as noites se passaram e eles não vieram. Os dias se tornaram semanas; as semanas, meses. Aquela calma curiosa e desconfortável se mantinha. Os londrinos começavam a falar daquela "guerra fajuta" (*phony war*), um nome desde então adotado pelos historiadores para descrever a situação.

Não é de espantar que o Führer profético acreditasse que a Grã-Bretanha e a França nada fariam se seus exércitos marchassem sobre a Polônia: ele não os vira fazendo nada em suas visões.

O destino, de acordo com uma crença da África Ocidental, tem a forma de um leque. Atingimos pontos de escolha na vida em que os futuros possíveis se abrem como um leque. O caminho que tomamos em certo ponto não apenas nos leva a um tipo específico de futuro, mas também determina onde estará nosso ponto de escolha seguinte. Os poucos oráculos confiáveis à nossa disposição – como o I Ching chinês – em geral confirmam essa teoria. Não são determinísticos. Eles não consideram que o futuro seja fixo. Em vez disso, afirmam: "Se você fizer isto e aquilo, o seguinte futuro será o resultado". O I Ching funciona, como aqueles que já tentaram usá-lo a sério podem confirmar. Uma vez que funciona, seria inteligente não ficar de pé atrás ao pensar no destino em forma de leque.

Hitler talvez fosse adepto da teoria – ou talvez tivesse uma percepção instintiva da forma básica do tempo. É certo que ele podia escolher um caminho através dos pontos de decisão com uma misteriosa exatidão. Cometeu apenas um erro – porém, da forma como ocorreu, foi um erro fatal. Foi à guerra em duas frentes ao mesmo tempo. O ponto de decisão que levou a esse erro ocorreu antes do acontecimento em si, obviamente. Em certo ponto, ele não percebeu o momento em que uma aliança Aliada contra a Rússia teria sido possível.

Mas com a exceção dos acontecimentos que se desenvolveram após esse escorregão, todo o futuro sombrio da Europa foi descrito para quem quisesse ver em um livro notavelmente profético publicado já em 1925. O trabalho foi originalmente chamado *Quatro anos e meio de luta contra as mentiras, a estupidez e a covardia*. Seu editor, Max Amann, sabiamente insistiu em cortar esse título tão canhestro, de modo que ele foi publicado simplesmente como *Minha Luta* ou, no original alemão, *Mein Kampf*, um documento notável que, se tivesse sido mais lido fora da Alemanha, poderia ter dado aos ingênuos políticos de Londres e Paris alguma indicação sobre o que estavam enfrentando. Hitler não fez nenhum segredo de seus objetivos. Ele deve ter necessitado de cada grama de sua capacidade precognitiva para realizá-los com tal grau de precisão.

Os pontos de decisão surgem em nosso futuro como os nós de uma teia gigantesca. Muitas precognições tratam apenas da área entre um ponto e o seguinte. Mas Hitler, assim como alguns outros precognitivos, parece ter sido capaz de traçar um mapa por meio da teia e ter percepções fugazes de um futuro distante além dos nós. Porém, o talento não vinha facilmente. Como o xamã primitivo, ele necessitava do estado extático antes de poder atingir a precognição a longa distância. Mesmo então seria uma coisa incerta e, se por acaso ele fosse um precognitivo extático típico, deve ter havido muitas ocasiões em que ele voltava à terra sem lembranças do que vira.

Hitler era viciado em ódio e palavras. Ele se embriagava com emoções destrutivas. Hoje, a base bioquímica desses estados começa a receber atenção considerável. A adrenalina inunda a corrente sanguínea à medida que as glândulas reagem às emoções. O dióxido de carbono no sangue aumenta com um tempo prolongado de gritos, como era comum nos discursos do Führer. Diante dessas alterações químicas, o cérebro por vezes muda de marcha, por assim dizer, passando a um novo nível de consciência. Algumas vezes, momentaneamente, esses novos níveis permitem vislumbres do futuro distante. A embriaguez dessa natureza atingia tais níveis em Hitler que ele se atirava no chão e mastigava as pontas do tapete – comportamento perfeitamente comparável aos haitianos possuídos pelos espíritos durante um ritual de vodu. Ele era conhecido (pelas costas) como *Teppichfresser*, comedor de tapete.

Em 19 de setembro de 1939, Hitler fez seu primeiro discurso sobre a guerra. Estava em Danzig, Polônia. O país havia sido invadido. Colunas de tropas alemãs já começavam a voltar para casa. Varsóvia, a capital, ainda oferecia certa resistência, mas era óbvio que seria apenas questão de tempo até que caísse. Especulava-se que a guerra logo terminaria. Como o estado polonês deixara de existir, a corrompida lógica nazista concluíra que os tratados de aliança com ele não faziam mais sentido. Por que a Inglaterra e a França derramariam sangue contra a Alemanha agora? Mas mesmo se decidissem continuar na luta, não havia nenhum alemão naquele tempo que não sentisse que a pátria era capaz de vencer. O desempenho do exército alemão na Polônia fora inacreditável.

E certamente o nazista mais confiante de todos era o próprio "velho", o Führer Adolf Hitler. Ele entrou a passos largos na tribuna da Câmara de Danzig parecendo mais imperioso do que jamais fora visto. Mas, durante o discurso, foi se enraivecendo – mais do que nunca. "Quando falou da Grã-Bretanha", relata o onipresente Shirer, "seu rosto inflamou-se de raiva histérica". "Nunca capitularemos!", esbravejou em certo ponto desse discurso histérico e raivoso. "Nunca capitularemos!"

Uma bela frase, mas evidentemente deslocada nas circunstâncias. A Alemanha estava por cima. A posição era forte. Quem falara em capitulação? Por que trazer isso à baila, afinal? Quando a guerra já estava mais avançada, essa frase tornou-se uma das favoritas do Führer. Ele a usava para reanimar seus soldados e partidários mesmo após a derrota, quando as forças Aliadas marchavam para Berlim.

Kurt Vonnegut Jr., um escritor germano-americano que tem suas próprias lembranças medonhas da guerra de Hitler, imaginou um personagem chamado Billy Pilgrim, um espástico do tempo que pula de um aspecto a outro de sua vida com tão pouco controle quanto um espástico do espaço. Será que Hitler não era um pouco assim? As repercussões bioquímicas de sua raiva naqueles primeiros dias de guerra não teriam disparado nele um breve vislumbre extático dos últimos dias? Será que a audiência nazista em Danzig no momento de sua vitória não ouviu por um momento a voz do Führer tentando reanimar as defesas de um Reich combalido e derrotado?

É certo que os discursos de Hitler contêm mais de uma pista para a possibilidade de precognição. Antes que a bomba de Elser explodisse na cervejaria de Munique, 11 dias antes ele surpreendera a audiência com a previsão de uma guerra de cinco anos. Se levarmos em consideração o fato de que ele arredondou os números, estava perfeitamente correto.

Capítulo 4

Poderes Misteriosos

Adolf Hitler nasceu em 20 de abril de 1889, na cidade austríaca de Braunau, na fronteira com a Alemanha. É uma terra de médiums. Madame Stokhammes nasceu ali, bem como Willi e Rudi Schneider.

Os irmãos Schneider tinham habilidades notáveis. Willi, o mais velho, descobriu ter poderes psicocinéticos – a capacidade de mover objetos a distância – durante uma sessão, quando tinha apenas 16 anos. Ele impôs a mão sobre um tipo de prancheta que espantou imensamente os assistentes ao escrever sozinha a palavra "Olga". A entidade "Olga" e seu médium "Willi" foram posteriormente investigados pelos principais pesquisadores psíquicos da época. Sem exceção, concluíram que os fenômenos produzidos por Willi eram genuínos. Entre esses fenômenos estava a levitação de pequenos objetos como um bracelete ou lenço, um sino que badalava sem ser tocado, a inclinação de uma mesa e a produção de ectoplasma. "Olga" mais tarde se transferiu para o irmão de Willi, Rudi, que também produzia efeitos esquisitos semelhantes – muitas vezes sob condições de teste.

De acordo com os escritores franceses Louis Pauwels e Jacques Bergier, Hitler teve a mesma ama-de-leite de Willi Schneider. Poderíamos nos perguntar, meio a sério, se havia alguma coisa no leite. É certo que, além da precognição, Hitler exibia poderes tão misteriosos a seu modo quanto os efeitos produzidos por Willi Schneider. Ele não era, e nunca fora, uma figura imponente. Aos 21 anos, foi descrito por seu antigo companheiro Reinhold Hanisch como "uma aparição tal como raramente ocorre entre os cristãos". Poderíamos simpatizar com essa descrição. Na época ele usava um antigo sobretudo até os joelhos, encimado por um chapéu-coco. Seu cabelo era longo e ele usava barba. Seus olhos se destacavam em um rosto pálido e definitivamente emaciado. Onze anos mais tarde ele não melhorara muito, embora não usasse mais barba. Ainda usava um antigo impermeável ou capa de chuva barata e dava pouca importância à sua aparência. Mesmo quando, eventualmente, começava a se vestir um pouco melhor, isso não fazia grande diferença em sua imagem. Seu amigo (e, mais tarde, seu inimigo) Ernst Hanfstängl observou em certo momento que ele "parecia um coletor de impostos de bairro em sua roupa de domingo". Na verdade, com seu cabelo lambido, bigode escovinha e seu passo curioso (seu andar foi descrito como "efeminado"), ele se parecia bastante com Charlie Chaplin – o Carlitos das telas, ou seja, a caracterização de seu famoso papel como o homenzinho patético que é atirado pela vida de uma situação cômica a outra. Quando Chaplin apresentou seu delicioso filme *O Grande Ditador*, ele não precisou mudar muito sua familiar aparência nas telas para mostrar que estava satirizando Hitler: aquilo já era dolorosamente óbvio.

Parece espantoso que um homem como Charlie Chaplin pudesse ser levado a sério, que dirá ascender a uma posição de poder. Porém, Hitler não apenas conseguiu isso como ainda demonstrou um grau de controle tal sobre os outros homens que teria sido inacreditável se não fosse tão bem documentado. "Fiquei um pouco chocado com os rostos, especialmente das mulheres", conta Shirer, ao descrever a reação ao breve aparecimento de Hitler em um balcão de Nurembergue em 1934. "Lembravam-me as expressões dementes que vi certa vez no interior da Louisiana no rosto de alguns Santos Roladores (*Holy Rollers*) que estavam prestes a cair no chão. Eles o olhavam como se ele fosse o Messias, com os rostos transformados em algo positivamente inumano. Se ele houvesse permanecido à vista por mais do que uns poucos momentos, creio que algumas mulheres teriam desmaiado de agitação."

E este era o homem que Shirer observara anteriormente em uma capa de gabardine velha distribuindo saudações nazistas "um tanto débeis" sem uma expressão particular no rosto.

O efeito que Hitler causava nas pessoas não se limitava à produção de histeria nas multidões. A mágica funcionava igualmente bem em nível pessoal. Göring, que provavelmente ficou mais próximo dele que qualquer outro alemão – certamente próximo o bastante para ver as rugas e tudo o mais – mesmo assim caiu sob o impacto dessa extraordinária personalidade. "Muitas vezes decido dizer algo a ele", admitiu, "mas quando fico frente a frente com ele, meu coração afunda em minhas botas". Ele não era o único. O comandante supremo da marinha alemã, Almirante Dönitz, disse aos juízes de Nurembergue: "Eu intencionalmente ia a seu quartel-general com pouquíssima frequência, pois tinha a sensação de que assim preservaria melhor meu poder de iniciativa e também porque, depois de vários dias no quartel-general, eu sempre sentia que tinha de me livrar de seu poder de sugestão."

Era um poder que persuadia os homens de que preto era branco. O Ministro da Defesa, General von Blomberg, podia a um só tempo julgar uma situação desesperançada mas ainda assim estar convencido de que Hitler encontraria uma saída. "Sei que você tem razão, mas tenho confiança em Hitler. Ele será capaz de encontrar uma solução." Essa atitude talvez fosse compreensível no início, quando os julgamentos assistidos pela PES de Hitler se mostraram consistentemente corretos. Porém, até mesmo mais tarde, quando seus enganos deixaram a Alemanha em ruínas, ele ainda era capaz de forçar sua vontade sem o menor problema. Como uma nuvem física, sua influência pairava sobre o bunker de Berlim onde encontrou a morte em 1945. Depois de seu suicídio, foi como se toda a atmosfera do bunker ficasse mais leve – apesar da posição desesperada de todos os que ali estavam. Começaram a fumar no bunker pela primeira vez. Durante a vida de Hitler haviam aceitado rigorosamente sua regra de não fumar. Uma coisa pequena em si mesma, mas que indicava os grilhões de ferro com que Hitler era capaz de prender a mente humana.

Nos primeiros dias da guerra, Shirer escreveu: "Hoje, no que toca à grande maioria de seus compatriotas, ele atingiu um pináculo jamais conquistado por um governante alemão. Ele se tornou – mesmo antes de sua morte – um mito, uma lenda, quase um deus, com aquela qualidade divina que os povos japoneses atribuem a seu Imperador. Para muitos alemães, ele é uma figura remota, irreal, quase inumana..."

Poucos homens mantinham seu poder de análise quando caíam sob o domínio de Hitler. Um dos que o conseguiu foi Albert Speer, Ministro dos Armamentos e da Produção de Guerra do Reich. "Eles todos estavam sob seu encantamento", comentou a respeito de seus companheiros do séquito de Hitler, "cegamente obedientes e sem vontade própria – qualquer que seja o termo médico para este fenômeno. Percebi, durante minhas atividades como arquiteto, que ficar em sua presença por qualquer período de tempo me deixava desgastado, exausto e vazio." Mas embora Speer compreendesse, não pôde, até o final, resistir.

Naturalmente, o estranho dom de Hitler também fascinou os historiadores. "Até os últimos dias de sua vida", escreve Alan Bullock, "ele manteve um misterioso dom de magnetismo pessoal que desafia a análise, mas descrito por muitos dos que o conheceram." E ainda: "O poder de Hitler para enfeitiçar uma audiência foi comparado às artes ocultas dos curandeiros africanos ou aos xamãs asiáticos; outros o compararam à sensibilidade de um médium e ao magnetismo de um hipnotizador."

Otto Strasser escreve sobre a "misteriosa intuição" de Hitler que lhe permitia estimar com exatidão a fraqueza de sua audiência.

Shirer, ao assistir a um comício em Nurembergue, pensava nas "palavras mágicas do austríaco", que faziam com que membros de sua audiência deixassem de lado suas almas e mentes individuais. O professor H.R. Trevo-Roper, antigo oficial da Inteligência que se tornou historiador, escreve a respeito da "misteriosa intensidade daqueles olhos baços e glaucos, o egotismo messiânico daquela voz áspera e oracular."

Um dos meus amigos de Munique certa vez observou: "Nós, alemães, apreciamos um líder forte. Dê-nos um homem forte e o seguiremos". Possivelmente verdadeiro, mas não o bastante – nem de longe – para explicar a reação alemã a Hitler.

Já se ensaiaram muitas explicações. Uma coisa que se nota quase imediatamente – para aumentar ainda mais o mistério – é que Hitler não era um grande orador. Sua voz era áspera demais. Ele era enfadonho, repetitivo e impreciso. Strasser afirmava que, até ter se perdido em suas paixões, ele nunca se elevara acima de uma mediocridade paupérrima. Mas quando se deixou levar, quando afundou naqueles transes de raiva extática, quanta diferença! Ondas de poder em estado bruto fluíam dele e engoliam a audiência. Suas palavras não tinham nenhuma importância. Há ao menos um caso de um bretão sem acompanhantes alemães assistindo a um comício de Hitler. Ele não entendia nada do discurso, mas suas emoções foram revolvidas de tal modo que ele (embora fosse patriota inglês) se viu fazendo a saudação nazista e gritando *Heil Hitler!* Junto com os outros.

Há um adjetivo recorrente quando se fala deste aspecto do caráter de Hitler. Esse adjetivo é "hipnótico". Ao explicar seu magnetismo pessoal, Bullock, por exemplo, observa: "Ele estava ligado ao curioso poder de seus olhos, que muitas vezes se disse terem algum tipo de qualidade hipnótica", ao passo que Trevor-Roper diz: "Hitler tinha os olhos de um hipnotizador, os quais seduziam o juízo e as afeições de todos os que caíam em seu poder."

A primeira impressão que Shirer teve de Hitler foi um desapontamento, exceto pelos olhos, que descreveu como a característica mais forte de seu rosto. O professor Theodor Gissinger, que ensinou ciência a Hitler quando menino, encontrou alguma dificuldade para se lembrar se seu antigo aluno causara alguma impressão real – favorável ou desfavorável – na sala de aula. Mas se lembrava de que seus olhos eram invulgarmente brilhantes. O brilho embaçou-se mais tarde. Os olhos azuis-acinzentados assumiram uma aparência vítrea, mas nunca perderam seu fascínio.

Seria Hitler um hipnotizador? A maior parte de seus biógrafos o sugerem, embora não o digam diretamente. Além disso, sabemos que na juventude ele leu livros sobre hipnose. Seria uma explicação altamente tentadora. Mas infelizmente não se encaixa aos fatos.

A hipnose era originalmente uma das artes ocultas, conhecida, entre outras coisas, como "fascinação". Atravessou o padrão familiar de espanto supersticioso, descrença total e redescoberta científica sob um novo nome. A fascinação outrora era magia – um feitiço lançado pelos conjuradores. Como tal, não precisava de maiores explicações. Com o desenvolvimento do materialismo científico, tornou-se moda renegar as antigas magias e muitos bebês foram jogados fora com a água do banho. Mas o padrão seguiu seu curso costumeiro. Os fatos continuam a ser fatos, mesmo se ignorados. A ciência acabou por ter de encarar alguns deles e a fascinação foi redescoberta. Mas a ciência ainda não se sentia à vontade para admitir que poderia haver algo nas artes antigas – essa admissão teve de esperar até os dias de hoje – e mesmo agora ela ocorre com relutância. Consequentemente, um novo nome foi cunhado para o fenômeno. O nome era hipnose, derivado do grego *hipnos*, que significa sono. Foi uma escolha particularmente infeliz, como seu inventor, James Braid, veio a perceber. Mas só o percebeu tarde demais. O termo fora aceito e permanece em uso desde então.

A hipnose é muito mal compreendida – e não apenas pelos leigos. Ela traz toda uma mitologia consigo. Por exemplo, milhares de pessoas acreditam, graças a histórias de ficção, que uma pessoa hipnotizada não pode ser convencida a fazer algo que considere moralmente errado. Isso é besteira. Um cidadão perfeitamente cumpridor das leis foi persuadido por hipnose a assassinar um bancário na Dinamarca no início da década de 1950. O hipnotizador foi julgado e executado. Outra falácia comum é que a hipnose seria um estado de sono. Nada disso. Os sujeitos em transe normalmente não perdem a consciência. Muitos deles acham difícil aceitar isso: emergem do transe convencidos que não não foram hipnotizados.

As verdadeiras características do estado de transe são um alto grau de relaxamento físico, uma suscetibilidade muito maior à sugestão e uma tendência à amnésia. A partir desses três fatores – particularmente o segundo – nascem todos os variados fenômenos hipnóticos.

Mesmo hoje não existe uma teoria da hipnose realmente satisfatória. Ela funciona, mas ninguém sabe exatamente como. Por exemplo, antigamente se supunha que o transe seria induzido como resultado de repetida sugestão. O transe *pode* ser induzido desse modo – e, de fato, costuma ser – mas há outros métodos igualmente executáveis que não envolvem sugestão nenhuma. Também já se supôs que o hipnotizador, seja naturalmente ou por treinamento, desenvolve algum tipo de poder que lhe permite induzir o transe em seus sujeitos. Isso é apenas parcialmente verdadeiro. O próprio sujeito faz a maior parte do trabalho. O serviço do hipnotizador consiste quase inteiramente em ensiná-lo a hipnotizar-se a si mesmo. Porém a personalidade do hipnotizador, paradoxalmente, é de considerável importância. Ele precisa instilar confiança.

A ciência ocidental ainda tem muito a aprender sobre a antiga arte da fascinação, não importa o nome que tenha atualmente. Mesmo quando a hipnose foi aceita como um fato, muitas das histórias antigas foram rejeitadas imediatamente. Uma delas dizia ser possível induzir o transe em um sujeito por telepatia. Nos últimos anos, cientistas soviéticos, usando máquinas de eletroencefalografia para registrar os padrões de ondas cerebrais no hipnotizador e no sujeito, descobriram que o transe telepático existe de fato. Outra antiga crença que apenas agora recebe verificação científica é que a hipnose pode aumentar as habilidades psíquicas como a clarividência, a recognição e a telepatia. Não funciona com todos os sujeitos, mas os cientistas atualmente confirmam que em certos sujeitos a hipnose de fato atende a essas alegações.

Essas descobertas indicam a vasta área ainda a explorar. E em nenhum lugar a necessidade de novas pesquisas está mais evidente que no campo da hipnose em massa – um fenômeno bem mais familiar aos ocultistas da Índia que aos cientistas ocidentais.

É possível – e, de fato, perfeitamente fácil – induzir ao transe diversos sujeitos ao mesmo tempo. A hipnose não é unidirecional. Mas isso não é exatamente o mesmo que a hipnose em massa que, em sua manifestação clássica, consiste em produzir uma alucinação simultânea em uma grande quantidade de pessoas. Ainda não se sabe bem se a hipnose em massa, definida dessa forma, tem uma ligação tão próxima com a hipnose individual quanto se imagina. Certamente existem milhares de hipnotizadores competentes na Europa e nos Estados Unidos que não saberiam por onde começar a produzir a hipnose em massa. Reciprocamente, uma jovem londrina que estudou hipnose clínica e não pode induzir o transe em um indivíduo parece ter nascido com um talento para produzir a alucinação coletiva. Ela é muito solicitada por um grupo marginal de ocultistas determinados a aumentar seu próprio prestígio.

A melhor pista que temos para a natureza essencial dessa alucinação coletiva é o truque indiano da corda. Os viajantes ainda voltam para casa contando terem assistido à ilusão clássica, mas não há nenhuma fotografia genuína que prove sua existência. E por uma boa razão: o truque se baseia na alucinação coletiva que estávamos discutindo – uma alucinação que não se estende às câmeras. Mas o faquir indiano não hipnotiza sua audiência no sentido normal da palavra. Ele não sugere que ela está sonolenta ou relaxada. Em vez disso, ele descreve nos mais minuciosos detalhes o que está fazendo. Conta como está removendo a corda do cesto, menciona a cor e a textura da corda, a cor e a trama do cesto – tudo isso em um espantoso nível de detalhamento. No início, este comentário contínuo está de acordo com a realidade. Ele *está*, como diz, tirando a corda do cesto. Ela *é*, como ele diz, de tal e tal cor. Mas chega um ponto em que a arenga se afasta da realidade. Ele atira a corda no ar. Na verdade, ela volta a cair. Mas o faquir, ainda no mesmo tom de voz, ainda descrevendo a cena em minúcias, insiste em que ela ficou rígida e se sustenta no ar sem apoio visível. E se ele tiver feito bem o seu trabalho, é isso que a audiência de fato vê! A ilusão venceu a realidade. As palavras do faquir teceram um feitiço. É certo que tem algum parentesco com a hipnose, mas é um ramo afastado das experiências mais confortáveis do ocidente.

Um observador europeu que permaneceu desperto para contar a história notou que os que estavam com ele também pareciam perfeitamente despertos – embora estivessem vendo aquilo que o faquir lhes mandava ver. Não havia excitação. A multidão talvez não estivesse em transe, mas estava relaxada.

Tudo isso é relevante para a questão dos poderes misteriosos de Hitler. Ao determinar se o Führer profético também seria um hipnotizador, temos de considerar apenas um fator: tanto individualmente quanto em massa, o fator principal para o estado hipnótico é o relaxamento. Hitler não induzia o relaxamento em ninguém. Ele produzia, ao contrário, excitação, tensão e histeria. Disso advém que ele não estava usando a hipnose.

Mas então o que ele *usou* para produzir resultados tão perturbadores? Para responder, devemos deixar a Alemanha nazista por um momento e considerar a história de um outro homem notável.

Capítulo 5

O Mago de Viena

Paris, 1779. A clínica do mais famoso médico da França atraía mais pacientes do que poderia confortavelmente conter. Eles vinham em bandos – damas em trajes suntuosos e cavalheiros das melhores famílias do país. E também aqueles não tão ricamente vestidos – em certos dias, havia terapia grátis para os que não podiam pagar as taxas usuais. A sala de tratamento era estranha, mesmo para os padrões daquele tempo. Os pacientes eram levados para um salão escuro, com todas as janelas fechadas. No centro ficava um baque, *uma banheira circular de latão a cerca de 30 centímetros do chão e grande o bastante para acomodar até trinta pessoas em seu redor. Os pacientes não podiam ver o que havia no* baque *por causa de uma tampa de tábuas de madeira. Porém, sabemos o que continha: água, limalha de ferro, vidro moído e diversas garrafas arranjadas simetricamente; bastões em forma de L entravam nessas garrafas como uma série de empunhaduras.*

Esta curiosa máquina – acreditava-se – fora carregada com "forças sulfúricas". Essas forças podiam passar pelas empunhaduras de ferro para os pacientes e curar uma variedade de doenças. Os pacientes tomavam seus lugares. Se fossem poucas pessoas, era possível sentar. Mas se, como normalmente, a sala de tratamento estava lotada, tinham de ficar em pé. Uma orquestra oculta começava a tocar. A música era lamentosa, até mesmo lúgubre.

Eles agarravam as empunhaduras e esperavam. Havia uma atmosfera de tensão no cômodo. A música se elevava e a tensão subia conforme passavam os minutos. Ninguém falava. Daí, quando as emoções haviam atingido um auge, o médico aparecia. Tinha traços gorduchos, agradáveis e bastante amistosos, se julgarmos por uma gravura contemporânea. Usava a peruca da moda e um longo manto lilás de seda reluzente. Trazia uma varinha "magnética" de ferro. Passava vagarosamente pelos pacientes tocando-os às vezes com as mãos, às vezes com a varinha. Muitos entravam em convulsão.

O médico que dirigia essa extravagante clínica era o mago de Viena, Franz Anton Mesmer, ocultista, astrólogo e descobridor de algo a que chamava "magnetismo animal" ou "fluido universal". Mesmer, que nasceu em 1733, estudou para ser sacerdote em uma escola de monges. Aos 15 anos, abandonou suas ideias de entrar para a Igreja e voltou-se para o Direito. Mas essa disciplina também não o segurou por muito tempo e ele acabou por estudar Medicina na Universidade de Viena. Era fascinado por Astrologia. Aos 32 anos obteve seu doutorado com base em uma tese intitulada "A Influência dos Planetas no Corpo Humano". Um de seus tutores, o professor Van Swieten, interessava-se pelo oculto, o que pode ter concedido à tese uma aceitação mais fácil do que se fosse outro o caso.

O artigo continha os primeiros germes de suas ideias sobre magnetismo animal e o fluido universal. Mais tarde, ele as ampliaria consideravelmente. "Uma influência responsiva existe entre os corpos celestes, a terra e os corpos animados", escreveu. "Um fluido, universalmente difuso, é o meio dessa influência... Essa virtude magnética pode ser acumulada, concentrada e transportada." Ao contrário da crença popular, essas ideias não eram originais. Elas – ou algo muito parecido – já haviam sido apresentadas por Pomponácio, Van Helmont, Paracelso, Kircher e Fludd.* Em 1679, cem anos antes do auge de Mesmer, Guilherme Maxwell já sugerira que a "influência magnética" poderia ter uma aplicação médica. Mas Mesmer certamente parece ter sido o primeiro a desenvolver essa aplicação prática de forma tão difundida – ao menos no que diz respeito à história da Europa.

Seus primeiros experimentos lhe foram sugeridos pelo professor M. Hehl, o jesuíta professor de Astronomia em Viena. Esse curioso indivíduo estudava as propriedades das chapas de aço e magnetos, alguns dos quais emprestou a Mesmer, havendo formado de algum modo a ideia de que poderiam ser úteis no trabalho médico. Por mais esquisito que parecesse, essa ideia foi rapidamente defendida pela experiência de Mesmer. Ele descobriu que ao "magnetizar" certos pacientes havia um alívio dos sintomas e, em alguns casos, uma cura completa.

Como ocorre por vezes até hoje nos círculos acadêmicos, Hehl roubou a cena de Mesmer ao publicar um relatório do poder curativo inerente aos magnetos. Mesmer ficou furioso, mas continuou com as experiências. Pouco a pouco chegou à conclusão (prevista em sua tese astrológica) de que não estava lidando com magnetismo físico. No início ele curara por contato magnético. Mais tarde, descobriu que isso não era necessário. Ainda mais tarde, percebeu que os magnetos também não eram necessários – diversas substâncias serviam, desde que fossem

---

* N.E.: Sugerimos a leitura de *Paracelso*, coletânea de Nicholas Goodrick-Clarke, e *Robert Fludd*, coletânea de William Huffman, ambos da Madras Editora.

antes "carregadas de fluido magnético". Foi um passo curto até sua conclusão final de que existia um fluido universal. Esse fluido, pensava, poderia ser armazenado e condensado, entre outros locais, dentro do corpo humano. Assim, seriam possíveis curas com o simples toque da mão.

Algumas dessas curas eram de fato espetaculares. O Major Charles de Hussey, cavaleiro da Ordem Militar Real de São Luís, fez sob juramento a seguinte declaração sobre sua condição antes do tratamento de Mesmer: "Minha cabeça sacudia constantemente e meu pescoço estava dobrado para a frente. Meus olhos saltavam e estavam sempre inflamados. Minhas costas estavam quase completamente paralisadas e eu só conseguia falar com dificuldade. Eu ria involuntariamente e sem razão óbvia. Respirava com dificuldade e sofria de dores atrozes entre os ombros e tremores constantes. Cambaleava ao andar". Du Hussey passou quatro anos em tratamento com diversos outros médicos. Não conseguiu nenhum alívio. Mesmer o curou em quatro meses. Sua reação à "magnetização" foi interessante: "Meus membros ficaram como gelo, seguido por um grande calor e uma transpiração fétida".

A heterodoxia é um anátema na profissão médica. A heterodoxia bem-sucedida é um pecado capital. A pressão exercida por seus colegas médicos forçou Mesmer a trocar Viena por Paris, onde estabeleceu o tratamento grupal que descrevemos. Já atendia na França há seis anos quando uma comissão governamental foi designada para investigar seus métodos. Seu método era estritamente científico. Em seguida, um relatório foi publicado, declarando que os membros da Comissão

> ... demonstraram por experiências decisivas que a imaginação, independentemente do magnetismo, produz convulsões, e que o magnetismo sem a imaginação nada produz. Eles chegaram à unânime conclusão a respeito da existên-

cia e utilidade do magnetismo de que nada há que prove a existência do fluido magnético animal; que esse fluido, uma vez que não existe, não tem efeito benéfico; que os efeitos violentos observados em pacientes sob tratamento público são devidos ao contato, à excitação da imaginação e à imitação mecânica que involuntariamente nos impele a repetir aquilo que fere os sentidos.

Um relatório semelhante foi publicado pela Sociedade Real de Medicina, que concluiu: "De um ponto de vista curativo, o magnetismo animal nada mais é que a arte de fazer pessoas sensíveis entrar em convulsões". Essa atitude, com uma modificação importante, foi mantida pela profissão médica desde então. A modificação foi a conclusão comparativamente recente de que os fenômenos mesmerianos eram induzidos por hipnose. De fato, Mesmer atualmente é conhecido como "pai da hipnose" – um título que seria mais adequado a seu quase desconhecido pupilo, o Marquês de Puysegur.

É um curioso desenvolvimento, pois as descrições do que aconteceu aos pacientes de Mesmer não se assemelham ao que ocorre a um sujeito sob hipnose. Em sua obra *Hypnosis: Fact and Fiction*, o professor F.L. Marcuse rejeita esse obstáculo: "Em sua época, um estado ativo de hipnose com convulsões era a regra, e foi apenas mais tarde que Mesmer acidentalmente passou à hipnose passiva e sonolenta frequentemente descrita em nossos dias".

Mas *por que* a reação pública à hipnose mudou repentinamente do estado passivo ao ativo? E por que os hipnotizadores modernos acham impossível induzir o estado ativo por qualquer técnica conhecida?

Um ponto de vista bem mais claro foi assumido pelo célebre psicólogo professor H.J. Eysenck, que entrou para a história com esta declaração direta:

Mesmer, na verdade, não hipnotizava seus pacientes. Alguns deles aparentemente tiveram convulsões histéricas espontâneas e sublevações e catarses semelhantes, mas não há relatos em seu trabalho ou no de seus seguidores de genuínos fenômenos hipnóticos. Assim, começamos com a descoberta incomum de que o pai da hipnose na verdade nunca hipnotizou ninguém, não era versado nos fenômenos da hipnose e não teria dado espaço a eles em seu sistema teórico. É de fato um mistério a razão pela qual a crença popular teria atribuído a ele uma descoberta que na verdade foi feita por outros.

Eu refletia sobre a declaração de Eysenck ao escrever, em um de meus primeiros livros, que o magnetismo animal fora abandonado enquanto teoria viável da hipnose. Mas meu modo de expressar esse pensamento não foi muito lúcido. Pouco após a publicação, recebi uma carta de um experiente ocultista inglês que me repreendia:

> O Sr. parece favorecer a ideia de que o hipnotismo demonstrou a inexistência do "magnetismo animal" de Mesmer, du Potet, Elliotson, Gregory, Esdaile e muitos outros. Creio que não seja o caso. O "magnetismo animal", embora não se relacione muito com o ferromagnetismo ou o eletromagnetismo, ainda está no páreo, em minha opinião. Há mais de cinquenta anos trabalho nessa área e usei ambas as técnicas com sucesso.

Mais adiante, dizia:

> A confusão originalmente começou, e o magnetismo físico foi confundido com a energia não física usada pelo mesmerismo, penso eu, quando os "lúcidos" dos antigos magnetistas descreveram os campos "ódicos" de força em torno de cristais, magnetos, o corpo humano e muitas outras coisas. Além disso, as técnicas hipnóticas são aplicadas mais

facilmente – é preciso trabalhar duro para mesmerizar uma pessoa, ao passo que é possível hipnotizá-la sem nenhum esforço e, como o Sr. colocou, o sujeito pode fazê-lo sozinho.

Seria insensato discordar, pois as mais recentes descobertas científicas de fato puseram o magnetismo animal novamente no páreo. E com uma vingança.

Graças a uma técnica conhecida como fotografia Kirlian, o fluxo real de magnetismo animal no corpo humano pode ser mapeado e medido. Como observa o ocultista, ele tem pouca relação com o ferro – ou o eletromagnetismo. Os soviéticos, que descobriram as técnicas Kirlian, o chamam de energia bioplásmica. É praticamente certo que a energia bioplásmica seja a mesma força a que Mesmer se referia como magnetismo animal. Os filmes de Kirlian mostram que nas mãos dos chamados curandeiros pela fé a energia se concentra e irradia como em uma lanterna. A médium psicocinética russa, Nelya Mikhailova, é capaz de concentrá-la em um grau tal que consegue mover objetos a distância.

Embora as primeiras formas de fotografia Kirlian já existissem em 1939, a pesquisa sobre a energia bioplásmica ainda está na infância. Ao menos no Ocidente. Os ocultistas hindus e iogues tibetanos, que chamam essa energia de *prana*, tiveram técnicas para seu controle por séculos. Muitos dos chamados milagres do Oriente místico resultam da aplicação dessas técnicas secretas e indicam fortemente que a força pode produzir efeitos mais espetaculares do que o Ocidente poderia admitir. Mesmo na Europa, como vimos, há indicações desde a Idade Média de que certos indivíduos descobriram essa força e conseguiram fazer dela uso prático. Um desses indivíduos, obviamente, foi Franz Anton Mesmer. Seria Hitler outro deles?

Existem interessantes paralelos entre Hitler e Mesmer. Ambos eram austríacos. Ambos nasceram em cidades fronteiriças. Ambos estudaram em Viena – embora a "educação" de Hitler tenha sido muito menos formal que a de seu distinto predecessor. Ambos tiveram de deixar a Áustria antes de obter reconhecimento geral. Ambos se interessavam pela Astrologia e o oculto. Ambos tinham gosto – e talento – teatral.

Mas quando se trata do efeito que exerciam sobre os outros, os paralelos são de fato impressionantes. Os visitantes de Hitler – especialmente quando ele tinha algum acesso de raiva – muitas vezes contavam ter experimentado sensações nervosas de frio e calor. Seu sangue, como no ditado popular, fervia e congelava. Supomos que fosse uma reação de medo, mas seria mesmo? Sob o tratamento de Mesmer, o Major du Hussey relatou que "meus membros ficaram como gelo, seguido por um grande calor." Quando Mesmer surgia diante de um grupo de pacientes, a tensão e a excitação atingiam um nível febril. Bastava que os tocasse para que entrassem em convulsões. "Se ele houvesse permanecido à vista por mais do que uns poucos momentos", relatou Shirer sobre Hitler, "creio que algumas mulheres teriam desmaiado..." Após a crise mesmeriana os pacientes se sentiam moles e esgotados. Speer descreve a mesma reação em seguida às suas visitas ao Führer.

Uma investigação mais profunda pode nos convencer de que o mesmerismo não explica completamente os estranhos poderes de Adolf Hitler. Mas certamente chega bem mais perto disso do que as vagas afirmações sobre a hipnose.

Porém, resta uma questão importante a responder: o poder de Hitler era inato, como parecia ser o de Mesmer? Se não, como chegou a desenvolvê-lo?

Capítulo 6

Magos Vitorianos

Havia alguns personagens esquisitos à solta na Londres vitoriana. Nenhum deles era mais esquisito que o legista do noroeste de Londres, dr. Wynn Westcott.* Ela um homem gordinho, de barba grisalha, com uma expressão cansada e lúgubre e olheiras pronunciadas. Tinha profundo interesse pelo oculto. Era amigo pessoal de Madame Helena Petrovna Blavatsky, aquela notável mulher que apresentou as doutrinas secretas do Tibete ao Ocidente e fundou a próspera Sociedade Teosófica. Entre seus associados estavam os místicos cristãos Anna Kingsford e Edward Maitland e entre seus títulos, o de "Supremo Mago da Sociedade Rosacruciana na Inglaterra". Esse título dá uma pista para a natureza essencial do homem. Westcot era maçom, com um amor maçônico pelo cerimonial e os símbolos. Quando um indivíduo assim se interessa pelo oculto, mais cedo ou mais tarde começa a experimentar a magia ritual. Westcott

---

* N.E.: Sugerimos a leitura de *Uma Introdução ao Estudo da Cabala*, de William Winn Westcott, e *Helena Blavatsky*, coletânea de Nicholas Goodrick-Clarke, ambos da Madras Editora.

era antiquário e estudioso de distinção. Contava entre suas realizações a tradução dos Oráculos Caldeus de Zoroastro *e do* Sepher Ha Zohar *cabalístico para o inglês.*

Certo dia, em 1886, esse indivíduo vasculhava o conteúdo de uma banca de livros em Farringdon Street quando topou com alguns manuscritos que o deixaram imensamente empolgado. Estavam em código, mas ele suspeitou – com razão – que se relacionavam à magia.[3] Para desvendar o código, chamou em seu auxílio um excêntrico personagem chamado Samuel Liddell MacGregor Mathers, que se tornaria curador do Museu Horniman. Juntos, descobriram que os manuscritos continham o esqueleto de um fascinante sistema de magia técnica junto com o endereço de uma adepta. Westcott escreveu a ela em outubro de 1887. Ao longo de sua correspondência ela revelou muitos segredos do ocultismo prático ao mago entusiasta e, em 1888, deu-lhe a permissão para estabelecer sua própria "loja" mágica na Inglaterra. Ele o fez junto com Mathers e um terceiro maçom-ocultista chamado William R. Woodman. Nascia a Ordem Hermética da Aurora Dourada.[*]

A Aurora Dourada, como sabemos, era muito mais do que outras sociedades secretas baseadas em tolices pseudomaçônicas. Apesar de seu pouco atraente quartel-general,[4] ela logo seduziu algumas das melhores mentes da época. O Astrônomo Real da Escócia tornou-se membro. Assim também o poeta irlandês W.B.

---

3. Há diversas versões desta história. Uma delas diz que Westcott encontro os manuscritos na biblioteca da Societas Rosicruciana e que eles originalmente vieram do Salão Maçônico. Uma outra insiste em que os teria encontrado na biblioteca do clarividente inglês Frederick Kockley. Francis King, o historiador moderno da magia ritual na Inglaterra, aceita esta última teoria, mas diz que os manuscritos chegaram a Westcott vindos da biblioteca de Hockley graças a um clérigo chamado Woodford.

[*] N.E.: Sugerimos a leitura de *The Golden Dawn – Aurora Dourada*, de Israel Regardie, lançamento da Madras Editora.

4. O pomposo "Templo de Ísis-Urânia" era na verdade um minúsculo grupo de cômodos em uma viela suja.

Yeats. Também Florence Farr, atriz, os escritores Sax Rohmer e Arthur Macen, o criador de "Drácula" Bram Stoker* e um outro mestre da prosa macabra, Algernon Blackwood. O segredo da atração da Sociedade sobre essas pessoas nunca foi totalmente explicado, embora a explicação seja na verdade bastante simples. Os "métodos mágicos" descobertos e desenvolvidos por aqueles magos vitorianos eram um eco distante, por exemplo, da lunática coleção de feitiços, fórmulas e poções que constroem os grimórios medievais. O sistema da Aurora Dourada era no fundo uma forma de ioga, ou seja, seus exercícios objetivavam desenvolver a consciência humana e assim provocar a experiência mística. Como suas filosofias derivavam da Cabala judaico-cristã, o sistema era uma forma de ioga completamente ocidental. Como tal, é fácil supor que fosse mais atraente para os europeus do que as formas orientais mais familiares. Além disso, produzia resultados mais rapidamente.

  Como todos os sistemas de ioga, tinha efeitos colaterais. Em alguns de seus estudantes, ele produzia estranhos poderes. Os sábios durante séculos avisaram que esses poderes deviam ser cuidadosamente ignorados, já que distraem o indivíduo de seu objetivo último de realização espiritual. Sempre houve indivíduos preparados para ignorar o aviso. A Aurora Dourada produziu boa porção deles.

  Não se deve esquecer que a maior parte do poder "Mágico" tem caráter neutro. Como a maga londrina Madeline Montalban observou certa vez, ele é "um pouco como a água, que você pode usar para fazer uma xícara de chá ou para cozinhar sua avó."

  Internamente, a Aurora Dourada tinha uma organização hierárquica. Mathers a comandava sob a orientação de

---

* N.E.: Ver também: *Drácula*, de Bram Stoker, Madras Editora.

misteriosos – e basicamente invisíveis – "chefes secretos". Os "chefes secretos" tinham importância no mundo do oculto. Eles aparecem no esquema de Madame Blavatsky sob o nome de mestres e surgem sob diferentes nomes em diferentes sistemas. Seria errado pensar que fossem anjos, demônios ou quaisquer outras formas não humanas. A radição esotérica garante que eram apenas homens – mas homens tornados perfeitos, homens no final da estrada evolucionária ou muito perto disso. Em um chefe secreto temos um super-homem.

Estruturalmente, a Aurora Dourada se dividia em uma ordem Exterior e uma Interior e tinha dez graus de subdivisão. Progredia-se na organização por meio de uma série de iniciações cerimoniais. Os candidatos em cada iniciação aprendiam as saudações e símbolos apropriados ao Grau em que estavam entrando.

No Grau de Zelator, os membros da Aurora Dourada aprendiam a fazer a saudação nazista.

Também havia personagens esquisitos à solta na Londres elisabetana. No verão de 1583, dois deles estavam ocupados em uma fascinante série de experimentos de cristalomancia. Um dos dois era o culto e honrado astrólogo da corte da Rainha Elizabeth I, dr. John Dee.* O outro era um clarividente charlatão que tivera as orelhas cortadas pelo crime de falsificação monetária. Seu nome era Edward Kelley.

Ambos representavam bem seu papel. Dee era o mago em todos os aspectos – imponente, barbudo, solene. Kelley, por outro lado, era encantador, mas nervoso; usava habitualmente um casquete com abas pendentes para esconder que não tinha orelhas. Dee pagava a Kelley 50 libras por ano, mais a manutenção. O salário nem sempre era pago, mas a dupla permane-

---

* Sugerimos a leitura de *John Dee*, coletânea de Gerald Suster, Madras Editora.

cia junta mesmo assim. Suas experiências de cristalomancia – usando uma "pedra de demonstração" que atualmente está no Museu Britânico – começou em 1582 e continuou, apesar de diversas aventuras não relacionadas, até 1587. Como muitos outros magos, o próprio Dee não tinha talentos de clarividência. Consequentemente, precisava contratar paranormais para agir como médiums ou videntes em suas sessões. Essa era a função de Kelley.

Em junho de 1583, as experiências haviam assumido um viés particularmente estranho. Os dois homens acreditavam estar em contato com diversas entidades, incluindo uma menina delicada e travessa chamada Madimi e um anjo impaciente de nome Ave. Madimi respondia às questões de Dee sobre as pessoas importantes da época em estilo muito semelhante àquele com que os guias espirituais respondem às perguntas feitas a seus médiums atualmente. Mas Ave e diversos outros anjos que o auxiliavam lançavam mão de uma técnica muito curiosa.

Em certa ocasião, Kelley, que olhava para o cristal, teve uma visão de uma grande tábua dividida em quadrados. Cada quadrado continha uma letra, número ou símbolo. Sob sua orientação, o dr. Dee construiu uma tábua semelhante para usar nos experimentos futuros. A partir desse momento, a comunicação angelical ocorria em forma de ditado, letra por letra. Kelley, olhando para o cristal, dizia que o anjo apontava um quadrado de uma coluna ou fileira em particular. Dee localizava o quadrado em sua tábua e anotava a letra que continha. Desse modo, Ave ditou uma série de invocações, chamadas de chaves, clamores ou aires, cujo conteúdo ou estilo se assemelhavam a este exemplo: "Micma Goho Mad Zir Comselha Zien Biah Os Londoh Norz Chis Othil Gigipah Vnd-L Chis ta Pu-Im Q Mospleh Teloch...", que se traduz (ou foi traduzido) como "Contemplai, diz vosso Deus, Eu sou um círculo em Cujas Mãos estão Doze Reinos.

Seis são os Assentos do Sopro Vivo. O resto são como Foices Afiadas ou Os Chifres da Morte..." Este curto exemplo não está como Dee o recebeu. O anjo ditou cada invocação de trás para a frente, a fim de impedir que as poderosas forças que elas comandavam não fossem acidentalmente desencadeadas. Mais tarde, Dee as reescreveu no sentido correto.

O estranho nessa história é que, apesar do fato de Kelley ser um charlatão que quase certamente ludibriou Dee durante anos, apesar do fato de elas terem sido ditadas letra a letra e de trás para a frente, as invocações ainda assim fazem algum tipo de sentido. A língua em que são expressas – atualmente chamada de Enochiana* – é completa em si mesma e tem suas próprias letras e gramática. Considera-se ser praticamente impossível que um especialista invente uma língua totalmente nova com coesão interna. Sugerir que um grosseirão sem estudo como Kelley pudesse tê-lo feito é retorcer a credibilidade a níveis nunca vistos.

As invocações enochianas apareceram em alguns lugares inesperados desde que foram registradas pela primeira vez por Dee e Kelley. Elas formaram uma parte importante do sistema mágico ensinado na Aurora Dourada. Também ocupam[5] a última centena de páginas da Bíblia Satânica, um livro sagrado (se é que se pode chamar assim) usado pela Igreja de Satanás na Califórnia. A Igreja de Satanás foi formada em 1966 pelo ex-organista e domador de leões Anton Szandor LaVey.** Ela ensina, entre outras coisas, a teoria e a prática da magia satânica. Como as formas mais respeitáveis dessa antiga arte, a magia satânica baseia-se na teoria de que os desejos podem ser realizados com um ato de vontade, desde que seja apropriadamente dirigido

---

* N.E.: Sugerimos a leitura de *Magia Enochiana para Iniciantes*, de Donald Tyson, Madras Editora.
5. De forma ligeiramente modificada e com uma tradução apropriadamente modificada.
** N.E.: Ver também: *A Bruxa Satânica*, de Anton Szandor LaVey, Madras Editora.

com imagens mentais e disparado por uma emoção elevada. Os iniciados da Aurora Dourada talvez não aprovassem o sistema de LaVey, mas é certo que o compreenderiam.

Há certas afirmações na Bíblia Satânica que vale a pena citar por serem esclarecedoras para nossa tese: "Essa descarga de energia bioelétrica é o mesmíssimo fenômeno que ocorre durante qualquer elevação profunda das emoções, tal como: orgasmo sexual, ira cega..." E ainda: "Apesar dos protestos em contrário dos não verbalistas, os picos de êxtase emocional ou intensas pontadas de angústia podem ser atingidos por meio da comunicação verbal". Seria a "energia bioelétrica" dos satanistas a mesma energia bioplásmica dos cientistas e o magnetismo animal dos mesmerianos? É quase certo que sim.

As instruções de LaVey sobre como descarregá-la são um exemplo de um ocultismo perfeitamente ortodoxo. Desde tempos imemoriais, os iniciados ensinam que era necessária uma profunda elevação das emoções para fazê-lo. Hitler parecia saber disso. E também parecia concordar com o postulado satanista de que o modo de atingir essa emoção elevada era por meio das palavras. Ele se induzia ao frenesi durante seus discursos – e não se deve esquecer que estes eram exatamente os momentos em que os observadores relataram que seu estranho poder ficava mais perceptível. Teria ele encontrado esse segredo oculto por acidente? Talvez. Mas assim como sabemos que ele lia sobre hipnose na juventude, sabemos também que lia livros sobre ocultismo. Também se sabe que ele foi influenciado por certos ocultistas nos anos de formação de seu pensamento. Voltaremos a falar disso mais adiante. Neste momento, basta-nos traçar algumas linhas interessantes.

A emoção que o mago branco eleva para obter seus efeitos é, obviamente, o amor. Shirer, ao observar Hitler, certa vez perguntou-se se aquele homem seria capaz de expressar outra emoção além do ódio. Apenas esse fato não faz dele um mago negro. Mas é curioso como na sociedade mágica vitoriana encontramos a doutrina do super-homem que se tornaria um dos esteios da filosofia nazista – e ao mesmo tempo encontramos um gesto idêntico em tudo à saudação nazista. Também é curioso que a técnica usada por Hitler de embriagar-se com palavras de forte carga emocional seja parte do sistema mágico usado pelos modernos Satanistas.

Hitler não poderia ter sido membro da Igreja de Satanás, já que ela só foi formada 21 anos após sua morte. E embora lhe fosse fisicamente possível ter sido membro da Aurora Dourada, não há qualquer sugestão de que tenha sido assim.

Mas a Aurora Dourada baseava-se em um sistema contido em manuscritos cifrados. E nesses manuscritos havia o nome e o endereço de uma adepta que operava em uma ordem mágica mais antiga. Foi essa misteriosa personagem quem ajudou os magos da Londres vitoriana a estruturar seu sistema, foi quem lhes ensinou muitas coisas que se tornariam parte das doutrinas mais respeitadas da Aurora Dourada.

Essa adepta era Fräulein Anna Sprengler. A ordem secreta de que fazia parte ficava em Nurembergue, na Alemanha.

Capítulo 7

Influência Esotérica

"Meu tema é bastante empolgante", disse Max Beerbohm durante um programa de rádio, "e, como não gosto de agitação, vou tratar dele de maneira tímida, delicada, indireta." Minha própria abordagem ao interesse de Hitler pelo oculto tinha de ser necessariamente assim. A sugestão de que ele pudesse ser, em uma verdade literal, um satanista ou um mago negro é tão bizarra que achei que precisava preparar a mente de meus leitores com pistas e especulações. Há muitas dessas pistas. Trevor-Roper, por exemplo, nos fornece detalhes da rotina de Hitler nos últimos dias da guerra: ele nunca acordava antes do meio-dia; o jantar podia ser servido a qualquer momento entre as 8 da noite e a meia-noite; ele oferecia um chá entre as 2 e as 3h30 da madrugada e raramente ia para a cama antes das 5 da manhã; nos últimos meses de sua vida, ele na verdade conseguiu diminuir seu tempo de sono para três horas.

A Bíblia Satânica afirma: "Tradicionalmente falando, as bruxas e feiticeiros são pessoas noturnas...".

O professor Karl Gebhardt, o médico assassino que foi enforcado em 1948, dá outra pista: "Hitler tinha pouco respeito pelos médicos e acreditava em um tipo de medicina mística, que era semelhante à Ciência Cristã." O próprio Trevor-Roper conclui: "Hitler gostava de magia, assim como gostava de astrologia e das certezas do sonambulismo".

Obviamente, não é necessário acreditar em magia para aceitar que uma outra pessoa possa fazê-lo. Esse é um fator importante em nossas considerações sobre a história secreta de Hitler, pois muitas das influências esotéricas que pululavam em torno dele eram tão fantásticas que se tornavam inaceitáveis até para os que simpatizavam com as ideias ocultas. Isso se tornará particularmente evidente quando, mais adiante, explorarmos as profundezas das ideias nazistas sobre raça e destino.

Em todas as 1436 páginas do monumental *Ascensão e Queda do Terceiro Reich*, de Shirer, há apenas duas referências passageiras ao professor Karl Haushofer. Sabemos que Rudolf Hess apresentou Hitler às ideias de Haushofer em algum momento no início da década de 1920. Como Haushofer era professor de Geopolítica na Universidade de Munique, tanto Shirer quanto Bullock presumiram que essas ideias eram de natureza geopolítica. Na verdade, isso é muito improvável. Haushofer era um mago iniciado, membro da Sociedade Vril e do Grupo Thule. Como o próprio Hitler, parece ter sido precognitivo – certamente obteve grande reputação durante a Primeira Guerra, quando seu dom o ajudou na carreira militar. Os escritores franceses Pauwels e Bergier mencionam um boato de que ele fora iniciado em uma sociedade secreta japonesa que exigia que seus membros cometessem suicídio caso falhassem na tarefa mística que lhes fosse designada. Fosse verdade ou não, a morte de Haushofer, em 1946, deu-se por sua própria mão – um suicídio cerimonial.

Hess, que também era membro do Grupo Thule e antigo aluno do estranho professor na Universidade de Munique, não apenas se referia a Haushofer como mago, como também afirmava que era um chefe ou mestre secreto.

Um amigo íntimo de Haushofer e companheiro do Grupo Thule foi o poeta alcoólatra Dietrich Eckart, frequentemente considerado fundador espiritual do Nacional-Socialismo. O vício em álcool mataria Eckart no início do inverno de 1923, mas antes disso passou quase três anos como conselheiro do jovem Hitler. Pauwels e Bergier dizem que ele doutrinou Hitler em dois níveis, sendo um deles o da revelação oculta. Também dizem que logo antes de sua morte ele disse a alguns amigos: "Sigam Hitler. Ele vai dançar, mas a melodia será a minha. Nós lhe demos os meios de comunicação com Eles. Não chorem por mim: terei influenciado a história mais do que qualquer outro alemão".

Chefes secretos e outros seres exaltados nem sempre são considerados como encarnados pelos ocultistas. Diversas escolas esotéricas – incluindo praticamente todas as que nasceram da Aurora Dourada – ensinam que eles existem em outra dimensão, não física, e que muito raramente assumem corpos. Uma parte importante das técnicas práticas ensinadas nessas escolas é o método de estabelecer contato com essas entidades.

Será que Eckart se referia a essas técnicas ao dizer "nós lhe demos os meios de comunicação com Eles"? Parece uma explicação bastante provável. Mas ao julgar pelos resultados as entidades com as quais o futuro Führer aprendeu a se comunicar, não poderiam ser humanos no auge da evolução espiritual, não importa em que ele acreditasse. Certamente Eckart e seus colegas iniciados nunca lhe deram, como o industrial Wilhelm Keppler viria a acreditar, *eine Antenne direkt zum lieben Gott*, uma linha direta com Deus.

Agora precisamos saber um pouco mais sobre a Sociedade Vril e o Grupo Thule, já que o conhecimento de suas doutrinas é essencial para qualquer compreensão verdadeira do Reich oculto. Neste momento é interessante examinar a natureza essencial do próprio vril. O conceito de "vril" foi criado (ou possivelmente descoberto) por um nobre inglês no séc. XIX, o Barão Lytton de Knebworth. Bulwer Lytton, como ficou conhecido, considerava o vril um enorme reservatório de poder universal, parte do qual poderia se concentrar no corpo humano. Em seu imaginativo romance, *The Coming Race*, ele descreve uma nação subterrânea de super-homens que obtiveram controle do vril e o usavam para operar milagres. A Sociedade Vril da Alemanha achava ter também desenvolvido técnicas para controlar o vril. Haushofer teria ensinado essas técnicas a Hitler? Seria o vril um outro nome para o "magnetismo animal" ou a "energia bioplásmica"?

Não é surpresa descobrir que Lytton não era apenas um romancista imaginativo, mas um ocultista que estudara o mesmerismo. Em 1870, negou por escrito que "vril" e "magnetismo animal" fossem a mesma coisa. Mas a frase está construída de forma tal que na verdade ele parece estar negando apenas que o vril fosse o magnetismo animal *da forma como era compreendido na época*: "Não me referi ao vril para o mesmerismo, mas para a eletricidade, desenvolvido para usos até agora fracamente percebidos e incluindo tudo o que possa ser genuíno no mesmerismo e que considero ser um mero ramo do único grande fluido que permeia toda a natureza."

As lojas da tradição esotérica ocidental ensinam a seus membros um ou mais de três amplos segredos ocultos:

1) O controle de uma energia sutil, como o "vril" de Lytton ou o "magnetismo animal" de Mesmer. Uma vez sob controle

consciente, essa força pode ser usada como auxílio para a iluminação mística, como agente de cura ou um meio de dominar os outros, dependendo do temperamento do iniciado.

2) O controle de eventos e a criação de situações desejáveis no plano físico. Isso é feito treinando os poderes de concentração do iniciado até que ele seja capaz de concentrar sua vontade como um laser. A força de vontade assim anormalmente aumentada é direcionada então com uma visualização relevante e vívida, normalmente da situação que o mago deseja tornar real. A força que impulsiona essa operação é, como mencionado anteriormente, a emoção intensificada. Novamente, o *tipo* de acontecimento e situação criados dependem do temperamento do iniciado.

3) O estabelecimento de linhas de comunicação com entidades sobrehumanas e, por vezes, alienígenas empregadas para agir em níveis diferentes do físico (atualmente chamados pelos ocultistas de 'planos interiores'). Mas o neófito logo descobre que as técnicas designadas para colocá-lo em contato, por assim dizer, com os céus, podem igualmente bem ser usadas para contatar as regiões infernais.

Pelos indícios que se nos apresentam, parece cada vez mais provável que Hitler tenha aprendido os três – e se concentrou nos aspectos negativos de todos. Já vimos que seu controle da energia sutil era de ordem muito elevada e sobreviveu até mesmo ao colapso de sua saúde no final de sua carreira. As provas de conhecimento no segundo e mais verdadeiramente "mágico" aspecto do treinamento oculto é obviamente mais difícil de obter. Mas ele certamente *pensava* como um mago: seus instintos e reações eram os de um homem que enfrentara as disciplinas. Sua fé na força de vontade é bem conhecida. Volta e meia ele expressava a crença de que todos os indivíduos e todas as situações estavam sujeitos a uma vontade superior. Não deveria ser necessário apontar que essa é uma crença mágica, mas muitos historiadores deixaram-na passar.

No final da guerra outro aspecto de seu treinamento mágico ficou cada vez mais evidente. Bullock escreve:

> A razão aparente de Hitler para se calar dessa maneira eram as exigências feitas a ele pela guerra. Mas havia uma compulsão psicológica mais perfeita em ação. Ali ele vivia em um mundo próprio, do qual os fatos feios e desagradáveis da situação alemã estavam excluídos. Recusava-se a visitar qualquer das cidades bombardeadas, assim como se recusava a ler relatórios que contradissessem o quadro que ele queria formar.

Quando fala do "quadro que Hitler queria formar", Bullock põe o dedo na ferida. Hitler estava, precisamente, formando quadros. Mas não se tratava, como sugere Bullock, simplesmente de um mecanismo de escape psicológico. O Führer estava empenhado em uma típica operação mágica, arranjando seu ambiente de forma a ajudá-lo a visualizar tão claramente quanto possível a situação que desejava tornar real. Os iniciados ocidentais, desde a Aurora Dourada até hoje, fizeram exatamente a mesma coisa no segredo de seus templos. Ele se enraivecia quando alguém interferia em sua visualização consistente com notícias a respeito de fatos impalatáveis. Mas mesmo a crescente pressão de suas turbulentas emoções, mesmo o controle de ferro de sua vontade treinada, mesmo a consistência psicótica de suas visualizações de vitória não eram o bastante para transformar a vasta inércia da realidade que cada vez mais se opunha a ele. Por fim, ele acabou por perceber o fato e transformou o quadro em algo mais adequado à verdadeira sucessão de acontecimentos fora de seu *bunker* em Berlim. Mas ele ainda tinha energia e habilidade o bastante para curvar um pouco a realidade. Assim se assegurava, como veremos, um final mágico para uma carreira satânica.

Não há dúvidas de que Hitler dominava o terceiro segredo oculto. Suas linhas de comunicação com os planos interiores eram bem estabelecidas – embora os psicólogos estejam perfeitamente livres para concluir que as entidades que ele atingia eram personificações de forças de seu inconsciente profundo. A natureza dessas entidades pode ser julgada pela seguinte descrição de sua reação a uma delas, anotada por Hermann Rauschning:

Ele desperta à noite, gritando e em meio a convulsões. Ele pede ajuda e parece estar meio paralisado. É tomado de pânico, que o faz tremer e sacudir a cama. Ele balbucia sons confusos e ininteligíveis, arfando como se estivesse a ponto de sufocar...

Hitler estava em pé em seu quarto, cambaleante e olhando ao seu redor como se estivesse perdido. "É ele, é ele", gemeu; "veio me buscar!" Seus lábios estavam brancos; ele suava em profusão. Repentinamente, proferiu uma fieira de sons sem sentido; em seguida, palavras e tentativas de frases. Era aterrorizante. Ele usava expressões estranhas em bizarra desordem. Depois, recaiu novamente no silêncio, mas seus lábios continuavam a mover-se. Fizeram-lhe então uma fricção e lhe deram algo para beber. E repentinamente ele gritou: "Ali! Ali! Naquele canto! Ele está ali!", dizia o tempo todo, batendo os pés e berrando...

Hitler estava passando por uma experiência que, aparentemente, ocorrera com outros que fizeram contato com os reinos escuros do oculto. O dr. Michael MacLiammoir, famoso ator irlandês, forneceu-me informações de considerável relevância a respeito. Alguns anos antes da Segunda Guerra, a irmã do dr. MacLiammoir desenvolveu um interesse pelos assuntos esotéricos e acabou por ser iniciada em uma ordem mágica chamada Argenteum Astrum ou Estrela de Prata. Essa ordem era comandada pelo mago negro Aleister Crowley, um antigo iniciado da Aurora Dourada, que mais tarde foi apelidado pela imprensa como "O Homem Mais Perverso do Mundo". Depois de ver algumas das práticas secretas da ordem, a srta. MacLiammoir rapidamente percebeu que talvez tivesse mordido mais do que podia mastigar. Mas os iniciados só podiam sair da ordem com permissão expressa de Crowley. Ela foi então encontrar o "Mestre", como Crowley insistia em ser chamado.

Crowley a encarou com um olhar penetrante. "Então, você quer sair?", perguntou dramaticamente. Cutucando o ombro dela para enfatizar cada sílaba, ele acrescentou em um tom pesado: "Cuidado com a escuridão! Cuidado com o calor! Cuidado com os símios! *Agora* você pode ir..." Era um gesto teatral, mas eficaz nas circunstâncias. A moça deixou a ordem, mas enfrentou as desgraças de um colapso nervoso. Todavia, essa doença raramente é fatal e ela acabou por se recuperar com o tempo.

Muitos anos depois, tendo esquecido o incidente, ela se encontrava na África. Certa noite, quase ao nascer do sol, ela passeava na beira da jângal com uma criança, filho de um amigo. De repente, o menino exclamou: "Olhe – ali está o tio George!" A srta. MacLiammoir voltou-se para olhar. O "tio George" não estava ali. A criança obviamente se confundira com um jogo de luzes e sombras na folhagem ao lusco-fusco africano. Ela se virou para dizer-lhe isso, mas, naquele momento, um macaco saltou de uma árvore nas costas dela e a mordeu no ombro, no mesmo ponto que o dedo de Crowley cutucara muitos anos antes. Ela gritou, e o macaco fugiu. Quando se recuperou do choque e examinou o ombro, não havia sangue e a ferida parecia piedosamente pequena. Mas ela contraiu meningite com a mordida e, em poucos dias, estava prostrada na cama, agitada por crescentes ondas de delírio.

Durante uma delas, ela sentou-se repentinamente, com o rosto pálido, e apontou para um canto. "Ele está ali! Está ali!

Está no canto! Veio me buscar! Crowley veio me buscar!" Ela não usou "expressões estranhas em bizarra desordem", pois estas, no caso de Hitler, eram provavelmente as "palavras de poder" usadas por um demonista treinado para controlar seus visitantes indesejados.

    Talvez tivesse sido melhor se ela as conhecesse. Hitler acabou por recair em um sono profundo e recuperou-se da experiência. A srta. MacLiammoir mergulhou em um coma e faleceu.

Capítulo 8

Iniciado Negro

Munique, 1919. Quatro homens em torno de uma mesa em um quarto dos fundos fracamente iluminado por lampiões a gás na taverna Alte Rosenbad, na Herrenstrasse. Esperavam por Adolf Hitler.

Hitler, na época, trabalhava para o departamento de educação de um regimento de Munique – um posto que enraizou principalmente nas bases de seu antissemitismo. Intoxicado por gás e temporariamente cego nas trincheiras da "guerra de todas as guerras", desenvolvera, durante a convalescença, uma consciência política e uma convicção ardente de que a Alemanha perdera por alta traição. Ele também descobrira – aparentemente, para sua própria surpresa – possuir um talento florescente de orador. Mas, excetuando-se seus olhos, continuava a ser uma figura pouco marcante ao entrar na decadente taverna naquela noite de setembro. Fora convidado a se juntar ao pequeno Partido dos Trabalhadores Alemães e comparecia a uma reunião do comitê para recusar a proposta. Um partido pronto não lhe interessava: ele queria formar o seu próprio. Na verdade, ele entrara em contato com esse grupo por ordem do Departamento Político do Exército. Seus superiores achavam – erroneamente – que um partido com "trabalhador" no título devia ter inspiração comunista.

Hitler atravessou a sala de jantar vazia e abriu a porta para o quarto dos fundos. Foi recebido quase como um velho amigo e acolhido como um novo membro do partido. Por razões que não estão totalmente claras, ele não lhes falou de sua decisão. Em vez disso, assistiu a uma reunião que lhe deixava – ao menos na superfície – poucas razões para alterá-la (os ativos totais do partido, por exemplo, eram de 7 marcos e 50 pfennigs, de acordo com o relatório do tesoureiro). Mas alguma coisa o atraiu, tanto que saiu da reunião perguntando-se se não deveria ingressar no partido afinal. Seguiram-se então, segundo o *Mein Kampf*, "dois dias de angustiante ponderação e reflexão". Essa reflexão terminou quando ele tomou sua decisão definitiva e irrevogável de associar-se. Conta Hitler: "Foi a mais decisiva resolução de minha vida. A partir dali, não havia e não poderia haver volta."

No comitê do Partido dos Trabalhadores Alemães estava um homem que já conhecemos: Dietrich Eckart. Hitler tornou-se o sétimo membro. Os numerologistas acreditam que isso seja importante. A Numerologia afirma que os números representam um papel importante – e secreto – em nossas vidas e que a chave de nosso destino pode ser descoberta a partir do número equivalente a nossa data de nascimento ou nome. É uma arte oculta muito antiga, mas raramente levada a sério hoje em dia. Por uma daquelas curiosas coincidências que parecem ocorrer com muita frequência na história do Terceiro Reich, a análise numerológica do nome de Hitler também produz o número 7. De acordo com o nobre e ocultista normando Conde Louis Hamon, que fez um estudo profundo sobre o assunto:

> As pessoas de número 7 têm ideias muito peculiares sobre religião. Não gostam de seguir um caminho já trilhado;

criam sua própria religião, que atraia a imaginação e se baseie no mistério.

Essas pessoas geralmente têm sonhos notáveis e uma grande propensão ao ocultismo; têm o dom da intuição, clarividência e um magnetismo próprio peculiar que tem grande influência sobre os outros...

Essas pessoas geralmente têm sonhos notáveis... Vamos nos lembrar dessa frase mais adiante. De qualquer modo, Hitler usava seu "magnetismo peculiar" para engolir o Partido dos Trabalhadores Alemães. Em 1921, já era seu líder inconteste. Um ano antes, ele se tornara o Partido Nacional Socialista dos Trabalhadores Alemães.

Hitler era, como vimos, um homem estranho. Mas nem de longe tão estranho quanto a sociedade que criou, pois o Terceiro Reich, que tinha suas raízes no quarto dos fundos daquela taverna decadente, era, no sentido mais profundo, um Estado oculto. Suas doutrinas não eram as mesmas do Nacional-Socialismo (se é que, individualmente, essas duas palavras ainda têm algum significado intrínseco), mas de um socialismo mágico único. Sua inspiração foi tirada de um substrato escuro que seria melhor deixar intocado. "Meu pai rompeu o selo", escreveu Albrecht Haushofer, filho do iniciado Karl. "Ele não sentiu o sopro do Perverso, mas libertou-o para vagar pelo mundo."

A Alemanha nazista se apresentava ao mundo como uma sociedade totalitária de materialismo científico. Mas essa fachada era uma completa impostura. Por trás dela ficava o verdadeiro edifício, meticulosamente construído sobre os alicerces do irracional. Hitler apregoava que o Terceiro Reich duraria mil anos. Não apenas – manifestamente – estava enganado, como *não poderia estar certo*. Os iniciados sempre eram prevenidos de que o uso errado das energias ocultas acabaria por causar a destruição do operador. Essa advertência é muito mal compreendida. Em essência, ela significa apenas que um certo uso da magia traz em si as sementes de sua própria queda.

Foi esse o uso escolhido pelo Partido Nazista para reconstruir a nação alemã.

> A grande tentação do mago negro é superar a si mesmo. Quando o indivíduo já embriagado com a intoxicação reluzente das ideias mágicas e desvirtuado pelos exercícios psico-espirituais do treinamento mágico descobre em si mesmo alguma extensão de genuíno poder oculto ou psíquico, normalmente está a apenas um curto passo do abismo da megalomania.

Hitler, como vimos, tinha capacidades precognitivas. Elas nunca o abandonaram. Em 1944, a maré da guerra se voltara firmemente contra a Alemanha. Havia especulações a respeito de um possível desembarque anglo-americano na França; uma invasão que, de fato, ocorreu a 6 de junho. No início de maio, o Departamento de Inteligência Militar de Himmler tinha informações de que a invasão começaria em junho. Foi a primeira informação concreta sobre o assunto disponível aos líderes alemães, mas mesmo essas linhas de comunicação não podiam dar pistas sobre o local em que a ponta de lança do ataque poderia aterrissar. A lógica dizia aos generais (incluindo o competentíssimo Rommel) que tudo começaria perto de Calais. Afinal de contas, o ponto mais estreito do Canal era ali. Mas a precognição dizia a Hitler que seria na Normandia – e lhe disse isso já no final de março. Ordenou reforços na área. Em junho, suas visões se mostraram novamente certeiras.

Esse tipo de coisa reforça o preconceito contra os métodos ocultos. Depois do desembarque Aliado, ficou evidente para todos que a Alemanha estava acabada. No final de agosto, os exércitos no oeste haviam perdido 500 mil homens e praticamente todo o seu equipamento. O comandante supremo do oeste, o Marechal de Campo Gerd von Rundsted, admitiu posteriormente que, no que lhe dizia respeito, a guerra terminara em setembro de 1944.

Mas o iniciado negro que detinha o destino da pátria nas mãos ainda tinha fé nos métodos da magia. No último dia de agosto, ele disse a seus generais: "Sob quaisquer circunstâncias, continuaremos esta batalha até que, como disse Frederico, o Grande, um de nossos execráveis inimigos fique cansado demais para continuar a lutar... eu vivo apenas com o propósito de liderar esta luta porque sei que se não houver uma vontade de ferro por trás dela, esta batalha não pode ser vencida." Ao escrever sobre esse período da carreira de Hitler, Alan Bullock comenta: "A fé de Hitler estava cristalizada na crença de que apenas ele poderia sobreviver às bofetadas das ondas que quebravam em cima dele, ele seria salvo por alguma intervenção miraculosa e ainda triunfaria sobre seus inimigos. Tudo dependia de manter a vontade."

De fato, tudo dependia da vontade, mas Hitler não estava à espera de uma intervenção miraculosa. Esperava que seu exercício oculto de vontade produzisse resultados, assim como seu exercício oculto de precognição produzira resultados alguns meses antes. Bullock chega bem mais perto da verdade ao escrever: "Até que ele pudesse forçar os acontecimentos a se conformar ao padrão que ele buscava impor e reaparecer como o Mago Justificado, escondia-se em seu quartel-general".

Além da magia, havia apenas uma esperança real para Hitler e o povo alemão nos rígidos meses finais da guerra – as armas milagrosas que, já desde 1942, o Führer jurara que "emudeceria os Aliados". Essas armas eram reais. Em 1943, os Aliados receberam a informação de que os cientistas alemães estavam fazendo experiências no subsolo polonês com uma bomba a jato sem piloto e um foguete bomba – a V-1 e a V-2, respectivamente.

Em maio, um avião de reconhecimento da RAF trouxe imagens das instalações de Peenemünde.

Embora as circunstâncias nunca tenham permitido que as armas V se tornassem um fator decisivo na guerra, eram de enorme importância para o moral de Hitler (que achava que até mesmo o projétil teleguiado V-1 forçaria a Grã-Bretanha à paz), o de muitos de seus generais e, quando Goebbels posteriormente fez delas um dos esteios de sua propaganda, o de todo o povo alemão. Também não há a menor dúvida de que se essas tivessem sido desenvolvidas antes (possivelmente até uns poucos meses antes), poderiam ter tido um efeito devastador contra os aliados. A V-2 era, afinal de contas, precursora direta dos mortíferos mísseis balísticos intercontinentais atuais.

Os britânicos reconheceram rapidamente esse potencial mortal. A RAF organizou *raids* ousados contra Peenemünde em agosto de 1943, e houve ataques concentrados nos locais de disparo em novembro e dezembro. Como se esperava, os *raids* de Peenemünde atrasaram a pesquisa e o desenvolvimento dos foguetes por muitos meses. A entrada maciça das bombas V na guerra foi retardada. Mas o atraso não se deveu inteiramente aos esforços britânicos, pois nisso, embora ninguém de fora da Alemanha o soubesse na época, a Inglaterra teve um aliado inesperado – Adolf Hitler.

Hitler teve um sonho de que a V-2 não funcionaria. Pior que isso, sua visão parecia predizer uma retaliação divina caso os foguetes fossem utilizados. Apesar dos protestos de seus engenheiros, ele ordenou que todo o trabalho fosse interrompido imediatamente. De acordo com o General Walter Dornberger, que era o diretor de Peenemünde na época, a interrupção durou dois meses inteiros. Pauwels e Bergier dizem que essa não foi a única pausa que Dornberger teve de suportar por razões ocultas.

Testes anteriores haviam sido impedidos enquanto a situação era revista à luz da cosmologia mágica de Hans Horbiger.

Horbiger ensinava que o Universo nascera e era mantido por uma eterna luta entre o fogo e o gelo. Sua doutrina do *Welteislehre* – Gelo Eterno – se disseminava pela Alemanha já em 1925. Diversos futuros líderes nazistas fizeram parte dela, incluindo o filósofo do partido, Alfred Rosenberg, e possivelmente até mesmo o próprio Hitler. O fiel de Horbiger, ao atingir posições de considerável poder em 1933, começou a se perguntar, durante a guerra, se os testes dos foguetes não interfeririam com o delicado equilíbrio entre fogo e gelo, causando um desastre global.

Esse não foi o único exemplo de interrupção do esforço de guerra "totalitário" da Alemanha por causa de alguma teoria oculta insana. Em abril de 1942, o dr. Heinz Fisher e uma equipe dos melhores cientistas alemães foram designados para trabalhar com um equipamento de radar raro e muito precioso na ilha báltica de Rugen. O objetivo do exercício era provar uma curiosa doutrina secreta que, se verdadeira, daria à Alemanha uma imensa vantagem sobre os Aliados – se não intrinsecamente, ao menos por virtude do fato de que os nazistas sabiam a verdade e os Aliados não. A doutrina secreta dizia que a humanidade vivia na superfície interna de uma terra oca. Do lado de "fora", estendia-se um útero de rocha sólida, que chegava ao infinito. O sol, um globo bem menor do que se imaginava normalmente, ficava pendurado no centro da bolha de pedra, assim como a lua. O céu era uma nuvem de gás azul. As estrelas eram pontinhos de luz em meio a ela. O dr. Fisher, obviamente, não comprovou a verdade dessa teoria na ilha do Báltico. Mas, conforme instruções de seus chefes nazistas, dispendeu uma bela quantidade de tempo e energia tentando fazê-lo. Após a guerra, ele observou: "Os nazistas me forçaram a fazer coisas malucas que atrasaram consideravelmente minhas pesquisas."

Possivelmente daria na mesma. O dr. Fisher mais tarde tornou-se uma figura-chave no desenvolvimento da bomba H nos Estados Unidos.

Assim, a bizarra subcorrente de ideias que estavam por trás do movimento nazista ajudou, por si só, a sabotar o Reich Oculto. Exatamente no mesmo nível estavam as ideias nazistas sobre raça, que levaram à liquidação de milhões, cujas habilidades e força poderiam ter sido aproveitadas – mesmo que com relutância – a serviço do Estado. A concentração em tais ideias produz uma atmosfera ímpar em um país. William Shirer, que viveu na Alemanha de 1934 a 1941, insistiu diversas vezes na leveza de espírito que sentia sempre que saía de lá nas férias. Mas por mais idiotas que possam ser, as ideias não deixavam de ter poder – e o poder é a base de toda a magia. Obviamente, trata-se de poder psicológico, mas não menos real por causa disso. Aplicadas apropriadamente à psique coletiva, as chaves simbólicas e muitas vezes arquetípicas contidas nos mitos arcanos podem abrir a porta para uma excitação espiritual que produz resultados rápidos no plano físico.

Ao recapitular seus dias no Terceiro Reich, Shirer escreve:

> É o surgimento do instinto tribal primitivo dos primeiros pagãos alemães das vastas florestas do norte, para os quais a força bruta não era apenas o meio, mas a finalidade da vida. Foi esse instinto racial primitivo do "sangue e solo" que os nazistas voltaram a despertar na alma alemã com mais sucesso que qualquer de seus predecessores modernos, e que mostrou que a influência do Cristianismo e da civilização ocidental na vida e na cultura alemãs era apenas um fino verniz.

Qualquer que fosse sua verdade inerente – ou, melhor, a falta dela – esses mitos poderosos merecem estudo. Mas antes de embarcar em uma viagem por águas tão perigosas quanto fascinantes, será útil retraçar as verdadeiras raízes do pensamento nazista. Para fazê-lo – não será nenhuma surpresa a esta altura – precisamos investigar certos grupos ocultos pré-nazismo na Alemanha.

Capítulo 9

Raízes do Mal

"Hitler é um de nossos pupilos. Um dia vocês verão que ele, e por meio dele nós, será vitorioso e revelará um movimento que fará o mundo tremer." O autor dessa profecia foi Adolf Lanz. A profecia em si foi feita em uma carta para um membro de uma ordem oculta já em 1932, um ano antes de Hitler subir ao poder. Uma antiga fotografia de Lanz com o manto de um noviço Cisterciano mostra um jovem estudioso, de óculos, que em outros trajes poderia ser o escriturário ou funcionário púbico arquetípico. Porém, ele via a si mesmo como algo bem diferente.

Após seis anos como monge, ele foi expulso do monastério de Heilingenkreuz pelo intrigante pecado de "desejos carnais e mundanos". Qualquer que seja a verdade disso, seu comportamento subsequente exibiu um grau de excentricidade que dificilmente teria parecido adequado a um monastério. Um de seus primeiros atos após a expulsão foi fundar sua própria ordem – a racista Novos Templários. Gostava de referir-se a si mesmo como "dr. Jorg Lanz von Liebenfels" e dizia ser filho do Barão Johannes Lancz de Liebenfels e nascido na Itália em 1º de maio de 1872. Assim como seu título de doutor, suas alegações de origem têm pouca relação com a realidade. Ele era, na verdade, filho de pais austríacos e nasceu em Viena em 19 de julho de 1874.

Sua Ordem dos Novos Templários derivava sua inspiração filosófica básica das lendas do Graal e seus membros se reuniam para a prática ritual. Eram interessados em quase todas as artes ocultas – particularmente aquelas, como a frenologia, que atingem os limites extremos do esoterismo. Mas a força motriz por trás dos Novos Templários, e na verdade por trás do próprio Lanz, era o conceito da raça superior ariana, cuja pureza só poderia ser mantida pelo mais estrito processo de reprodução seletiva. Como muitos outros racistas, Lanz sentia seu gênero ameaçado.

Muitas de suas ideias têm um eco agourento não apenas em si mesmas, mas à luz do que aconteceria na Alemanha durante os anos seguintes. Ele defendia a esterilização das "raças inferiores" e o estabelecimento de colônias de reprodução para perpetuar a raça superior. Outras "soluções" que ele apresentou para o problema das raças inferiores foram a morte pela fome e os trabalhos forçados. Durante a Segunda Guerra Mundial, Heinrich Himmler, que se parecia curiosamente com Lanz e aparentemente pensava de forma igual, pôs todas essas ideias em prática brutal – e ainda acrescentou algumas de sua própria lavra.

Em 1934, Lanz proclamava abertamente que sua ordem fora a primeira manifestação do movimento de Hitler. Seria esse, como alguns historiadores sugeriram, um claro exemplo de imitação? Possivelmente não. Hitler já lia os trabalhos de Lanz na juventude e os dois homens se conheceram em Viena em 1909. Embora as ideias de uma raça superior já existissem amplamente na Alemanha muito antes que os nazistas tentassem fazer aplicação prática delas, as sugestões de Lanz para lidar com as raças inferiores são demasiado semelhantes ao que de fato ocorreu para que aceitemos que tenha sido uma simples coincidência.

Grandes mudanças, de acordo com a doutrina dos iniciados, ocorrem nos "níveis interiores" antes que eles se manifestem no mundo físico. Isso diz algo mais do que a percepção comum de que as ideias precedem a ação. Temos uma visão maniqueísta de forças opositoras que lutam por toda a eternidade em alguma dimensão exterior da existência; e de quando em quando vemos uma dessas forças ficar por cima. Se, nessa dimensão exterior, imaginarmos um poder sombrio iniciando sua ascensão gradual acima da Alemanha no final do século passado, podemos esperar algumas pistas no plano físico antes que o auge tenha sido atingido.

Seria apenas especulação confirmar a crença de Lanz de que os Novos Templários eram de fato uma primeira e mais fraca manifestação de alguma coisa de muito ruim que crescia sob a superfície da pátria. Mas assim como a saudação nazista na Aurora Dourada tende a interromper a operação da doce razão por um instante, assim também o faz um único incidente na história da ordem de Lanz.

Em 1907, quando Hitler ainda era adolescente, Lanz descobriu uma romântica ruína com vistas para o Danúbio e determinou que ela se tornaria o quartel-general de sua ordem. Ele a comprou, restaurou-a parcialmente e equipou-a com os apetrechos da magia ritual praticada pelos Templários. Acima desse templo dedicado à magia e à supremacia racial, Adolf Lanz hasteou uma bandeira que nunca havia sido vista naquela terra: era a suástica.

Trinta e dois anos antes, um amigo de Lanz, um tal de Guido von List, subiu ao topo de uma colina com vista para

Viena e enterrou algumas garrafas de vinho vazias em forma de suástica para celebrar o solstício de verão. Se Lanz se parecia com um funcionário público, List, com uma barba branca que lhe chegava quase à cintura, parecia um mago. Era escritor por profissão, embora nunca tenha tido grande sucesso no sentido financeiro. Também era, como indica a cerimônia do solstício, um ocultista e excêntrico. Sua excentricidade desenvolveu-se cedo. Aos 14 anos, fez a promessa de construir um templo a Wotan quando crescesse. A promessa em si já é espantosa. O fato de tê-la feito diante do altar na cripta da catedral de Santo Estêvão em Viena é bizarro.

List era, segundo sua própria avaliação, paranormal. Mas diferente de seu colega austríaco, Adolf Hitler, que usava seus poderes psíquicos para ver o futuro, ele voltou seu alegado talento de clarividência para adivinhar o passado distante. O que via ali era muito diferente do quadro apresentado nos livros de história. Existira uma antiga raça de sábios alemães iniciados em doutrinas altamente esotéricas. Essa raça era chamada Armanen. Traços dela podiam ser encontrados por aqueles que sabiam onde (e como) procurar. O último membro sobrevivente dos Armanen era o próprio List. Ele não permaneceu por muito tempo como o último representante dessa raça superior. Em 1908, uma sociedade secreta de "iniciados Armanen" foi formada para continuar com a tradição. Os membros faziam um estudo detalhado, entre outras coisas, do ocultismo rúnico, que List conhecia particularmente bem. Anos mais tarde, outra sociedade formada para preservar a raça superior também estudaria as runas. Essa sociedade era a Ordem da Caveira – as SS de Himmler.

As excêntricas ideias de List influenciaram o desenvolvimento da Alemanha nazista, pois muitos de seus seguidores eram antigos membros do movimento nazista. Houve também uma influência indireta: um dos discípulos de List era um jornalista chamado Philipp Stauff, que, em 1912, tornou-se um dos membros fundadores da secreta Ordem Germanen.

As doutrinas da Ordem Germanen seguem bem de perto as ideias de List sobre uma antiga raça superior alemã. Todos os membros fundadores eram violentamente antissemitas e ao menos um de seus líderes posteriores também era antieslavo. Os candidatos à ordem tinham o crânio mensurado para certificar que estavam dentro dos limites de um estrito ideal nórdico. Novamente temos um vínculo com Himmler, que adotou substancialmente o mesmo procedimento com os prisioneiros russos durante a guerra.

Hermann Pohl, um dissidente da ordem, fundou outra sociedade secreta para si – e muitos membros desta última eram intimamente ligados ao Partido dos Trabalhadores Alemães.

Nesse ponto, fica difícil localizar os cultos e seitas que nascem de um alicerce de supremacia nórdica antissemita. Eram legião. Mas embora fossem na maioria de estrutura pseudo-maçônica, poucas eram mágicas no sentido de oferecerem a seus membros um sistema de treinamento psico-espiritual. Mesmo a Ordem Germanen parece ter sido incerta, embora sua cerimônia de iniciação sugira que nem toda a esperança de influência mágica fora abandonada. Mas se ela foi retirada da magia no sentido mais estrito, isso explicaria por que Hitler, que certamente se rendeu a seus ideais, expressou sua desaprovação à ordem negando ofícios nazistas a todos os seus antigos membros. Assumiu a mesma atitude para com a Maçonaria segundo a duvidosa premissa de que essa sociedade secreta mundial seria uma fachada para o Judaísmo internacional. Não se sabe se ele de fato acreditava nessa improvável ficção, mas pode ter sentido o tradicional desprezo do mago por um sistema de iniciação sem poder. Esse sistema certamente está incorporado na Maçonaria.*

---

* N.E.: Sugerimos a leitura de *Maçonaria – Escola de Mistérios – A Antiga Tradição e Seus Símbolos*, de Wagner Veneziani Costa, Madras Editora.

Se estivéssemos discutindo sociedades simples – ou seja, associações de pessoas com objetivos e ideias comuns – seria fácil superestimar a influência que poderiam ter no futuro desenvolvimento do Reich oculto. Mas não estamos discutindo simples sociedades: discutimos organizações nas quais o pensamento mágico prevalecia e as técnicas mágicas eram comumente usadas. As Lojas e indivíduos mencionados no atual capítulo recebem ainda a adição do já mencionado Grupo Thule e da Loja Luminosa.

Se aceitamos ou não que a magia produz efeito, no sentido de obter resultados físicos inexplicáveis, não importa. O que devemos aceitar, com base em indícios irrefutáveis, é que a prática de técnicas mágicas tem um profundo efeito na mente e no ponto de vista do mago. A partir dessa verdade básica, somos capazes de deduzir que Hitler praticava disciplinas ocultas; como vimos, ele *pensava* como um mago. Muitos – possivelmente a maioria – nazistas de alto escalão pensavam exatamente da mesma forma. A partir disso, e da nova mitologia do *Herrenvolk*, seguiu-se praticamente todo o resto. Em termos psicológicos, o estado básico da mente determina quais forças inconscientes terão a permissão de ascender à superfície. E isso vale para a psicologia coletiva tanto quanto para a individual.

Muito antes que os psicólogos começassem a explorar seriamente as técnicas de lavagem cerebral e persuasão, qualquer Loja oculta que merecesse esse nome sabia como instilar ideias na mente de seus membros de modo tal que elas eram aceitas sem questionamento. Um candidato à iniciação na Ordem Germanen, por exemplo, era primeiro levado a uma antecâmara e deixado lá para ficar cada vez mais nervoso. Não sabia o que o esperava, mas sua imaginação – que nesse caso devia estar em um estado extremamente febril para tê-lo levado a uma organização daquelas – sugeria o pior. Quando atingia um ápice de tensão, era paramentado e vendado e em seguida conduzido à sala da Loja. Ali, ainda vendado, ele ouvia um solene discurso antissemita do Grão-Mestre. Quando a venda era finalmente removida, ele descobria que os oficiais da Loja usavam chapéus com chifres e traziam espadas e lanças. Havia música na sala da Loja e uma chama nua... Tudo isso exercia um poderoso efeito na imaginação e no inconsciente. Podemos supor razoavelmente que o candidato estava predisposto às ideias antissemitas já antes de ingressar. Mas mesmo que não fosse o caso, o método de doutrinação praticamente garantia sua aceitação.

Em diversas Lojas ocultas modernas a iniciação se segue a vários anos de autodoutrinação – meditação sobre as doutrinas básicas da sociedade. Essa técnica não é nova e pode muito bem ter sido praticada nas antigas Lojas alemãs.

O segredo essencial da magia ritual é seu efeito sobre os níveis mais profundos da mente inconsciente. A reação da mente humana ao simbolismo apropriadamente aplicado é bem conhecida. Menos óbvio é o fato de que o cerimonial oculto é um símbolo tridimensional e movente. Os oficiais da Loja se vestem e agem como personificações das figuras arquetípicas dos fundamentos da psique. Na Ordem Germanen, seu traje os associava a Wotan; e além de Wotan, a Pã, o espírito da própria terra.

As sementes lançadas por essas técnicas florescem muito bem. Mas nunca devemos esquecer que as sementes lançadas naquelas sombrias Lojas não se limitavam ao antissemitismo.

Capítulo 10

Thule

Com um bom mapa moderno é possível encontrar Thule facilmente. Fica próximo à costa oriental da Groenlândia. Um livro de Geografia atualizado informa que esse é o nome dado pelos americanos a uma de suas bases polares. Mas não foi essa Thule que inflamou a imaginação da hierarquia Nacional-Socialista nos anos 1930. Essa Thule há muito não existe mais – se é que algum dia chegou a existir.

Robert Charroux, um escritor francês que fez investigações profundas sobre o lado pouco ortodoxo da história humana, insiste que sim. "É muito certo", conta ele em *The Mysterious Unknown*, "que a ilha de Thule tenha existido, e presume-se que tenha desaparecido durante as violentas perturbações sísmicas que afligiram o mundo no terceiro milênio a.C." O fato de ele estar ou não correto não faz muita diferença. A verdadeira importância de Thule é como mito. Ou seja, uma história que excita as camadas mais profundas da mente humana por seu próprio poder intrínseco. Sabemos que diversos iniciados se reuniram para estudar a antiga lenda de Thule – entre eles o futuro vice-Führer Rudolf Hess. Mas o que exatamente eles estudavam? Qual era o mito que os unia?

Pauwels e Bergier, os dois soberbos historiadores do nazismo esotérico, são incomumente reticentes. "A lenda de Thule é tão antiga quanto a raça germânica", dizem brevemente em seu *Dawn of Magic*. "Supunha-se que fosse uma ilha que desaparecera em algum lugar no extremo norte. Perto da Groenlândia? Ou do Labrador? Como Atlântida,* acreditava-se que Thule fosse o centro mágico de uma civilização desaparecida." Na verdade, nas lendas arcanas de nosso planeta, Thule foi muito anterior até mesmo à fantasticamente antiga Atlântida. Mas ela tem ao menos mais um paralelo com a Atlântida que não foi mencionado por Pauwels e Bergier.

Acreditava-se que na mais antiga pré-história a Atlântida era um enorme continente, de tamanho comparável à Ásia, se não ainda maior. Ela teria sofrido três abalos cataclísmicos em que vastas porções da massa seca afundaram, destruindo antigas cidades e milhões de vidas humanas. O segundo cataclismo deixou o outrora magnífico continente pouco maior que uma ilha. E foi a esse triste vestígio que Platão se referiu em seus escritos sobre a Atlântida que ficava além das Colunas de Hércules. Alguma memória da Atlântida original deve ter restado, pois nas *Critias* ela é descrita como "maior que a Ásia e a Líbia juntas". Ao mesmo tempo, referências constantes insistem que fosse uma ilha, não um continente, e que sua civilização militar foi conquistada por uma única cidade – Atenas.

Como a Atlântida de Platão, Thule fora outrora parte de uma massa de terra maior. Como a Atlântida de Platão, ela ficou do tamanho de uma ilha quando grandes movimentos sísmicos a soltaram do continente principal. Diferente da Grande Atlân-

---

* N.E.: Sugerimos a leitura de *Lendas de Atlântida e Lemúria*, de W. Scott-Elliot, Madras Editora.

tida, porém, a principal porção de Thule não afundou, apenas se moveu. Ela existe, inalterável e inalterada, até hoje, ao passo que a ilha que ficou com seu nome e abrigou sua antiga capital acabou por afundar entre as ondas geladas.

Darwin* estava apenas parcialmente correto: a evolução não é simplesmente o resultado da seleção cega; também não deve ser pensada como um padrão de alterações desde o simples até o complexo. Mais que isso – especialmente em seus estágios iniciais – é uma espécie de condensação do etéreo ao físico.

Os arqueólogos modernos estão errados: o berço da humanidade não foi a África; os vestígios fósseis são enganosos porque os primeiros homens não tinham ossos para fossilizar-se. A humanidade é mais antiga do que imaginam os voos mais ousados da imaginação de qualquer cientista. A humanidade apareceu pela primeira vez na Terra há mais de 1.600.000.000 de anos. Mas não era uma humanidade que poderíamos reconhecer como tal, ou mesmo compreender facilmente. Os primeiros homens foram criados como padrões de energia, sua substância extraída da essência dos extraterrestres que os criaram. Não tinham corpos físicos e não podiam pensar. Seus criadores eram chamados Chohans e eram associados à lua.

Assim, de acordo com as doutrinas secretas do Tibete, começou a humanidade. Manuscritos antigos, quase incompreensíveis, cuidadosamente guardados nas criptas dos mais veneráveis monastérios daquela terra misteriosa e inacessível, contam a história.

A primeira raça era de sombras sem mente. Como tal, não foi muito bem-sucedida. Seus criadores ficaram, conforme nos contam, perplexos. Seu objetivo era produzir um ser pensante. Mas o tempo se estendia infinito diante deles...

---

* N.E.: Ver também: *A Origem das Espécies – e a Seleção Natural*, de Charles Darwin, Madras Editora.

Os primeiros homens-sombra não tinham sexo. Não tinham ânsia por procriar. Mas eles procriavam, inconscientemente, como as plantas, por um processo similar ao brotamento ou à divisão de uma ameba.

E, como jardineiros, os Chohans zelavam pelo processo.

Nos primeiros estágios de sua existência, a segunda raça de homens tinha aparência semelhante à primeira. Mas havia diferenças sutis e essas diferenças permitiam que um processo de evolução se instalasse. Embora sem dúvida fossem físicos, esses corpos não eram nem de perto tão densos quanto os corpos físicos de que dispomos atualmente. Os homens daquele tempo – conhecidos como "Nascidos do Suor" – também eram muito maiores que nós, como gigantes feitos de bruma.

Não havia morte no planeta. As formas etéreas da primeira raça foram absorvidas por seus descendentes da segunda.

Mas com o desenvolvimento, novamente ao longo de éons de tempo evolucionário, da terceira raça ou "Nascida do Ovo", a segunda raça acabou morrendo.

Novamente havia uma diferença distinta entre a humanidade da forma como apareceu no início da terceira raça e a humanidade no final. Originalmente seus membros, ainda dificilmente reconhecíveis como homens, eram hermafroditas bissexuais. Mais tarde houve uma divisão, que permitiu pela primeira vez a aparição na Terra de dois sexos distintos.

É importante lembrar, porém, que a humanidade ainda estava, mesmo nessa fase comparativamente tardia da evolução, sem mente. E nessa fase, se compreendemos corretamente as antigas doutrinas, os criadores se retiraram. Deixaram que a nascente humanidade cuidasse de si mesmo e se concentraram em uma criação animal.

Mas nesse período caótico de nossa distante evolução os membros trôpegos e sem mente da terceira raça se acasalaram com enormes animais fêmea e criaram uma raça de monstros. Essas criaturas eram estúpidas, seu corpo era distorcido e coberto de pelos vermelhos crespos. Andavam em quatro patas.

Enquanto os cientistas buscam em vão o "elo perdido" e especulam que a humanidade pode descender dos grandes símios, a tradição esotérica ensina algo muito diferente: que os símios representam um ramo degenerado da linhagem humana.

Veio, porém, o tempo em que os Chohans novamente voltaram sua atenção ao desenvolvimento da humanidade. A terceira raça evoluiu em uma quarta, esta mais próxima da humanidade como a conhecemos. A mente adormecida começava a despertar. A consciência se desenvolvia. Os homens aperfeiçoavam sua primeira e mais básica ferramenta – a ferramenta da fala. A divisão de sexos estava completa.

Gradualmente, os piores exemplos de procriação retrógrada – descendentes da união ilícita entre os homens da terceira raça e os animais – foram ceifados. A maioria deles eram homens (ou homens-macaco) ruivos, de pele morena, que andavam em quatro patas e ficavam eretos apenas ocasionalmente. Também existiam, de acordo com alguns registros muito antigos, homens-animal de rosto vermelho e até de rosto azul. Eles não tinham uma verdadeira fala, mas "conversavam" com grunhidos e outros sons simples, como seus ancestrais animalescos.

Não se deve pensar que tudo isso ocorreu em algum Éden idílico, ou mesmo em um contexto primevo de selva tropical e savana. Já no final da terceira raça, quando a consciência começava a se desenvolver, os homens construíam cidades com a ajuda de seus iniciadores divinos de além do planeta. Essa construção de cidades não era acidental. Nem foi uma decisão arbitrária da parte dos guias extraterrenos da humanidade. Ela ocorreu no início da alteração climática global. Até então, a Terra gozara de uma espécie de perpétua primavera. Mas agora um novo padrão começava a surgir. Um clima sazonal se desenvolvia e, com ele, a primeira experiência de frio da humanidade. Abrigos e vestimentas eram necessários. Um antigo comentário afirma: "Os reis divinos desceram e ensinaram aos homens ciências e artes, pois o homem não podia mais viver na primeira Terra, que se transformara em um cadáver branco congelado...".

É nessa "primeira Terra", esse fabuloso berço da humanidade que congelou há tantos milhões de anos, que encontramos o primeiro reino – Thule. A tradição oculta afirma que ao menos parte desse grande continente sobreviveu a todas as alterações geográficas do turbulento passado terrestre e sobreviverá a todos os cataclismos até o final dos tempos. "A Estrela Polar mantém seu olho vigilante sobre ele", diz outro antigo comentário, que nos dá a pista final para sua localização ártica.

Parece provável que Thule incluísse os Hiperbóreos, o lar continental da segunda raça que se afastou a sul e oeste do Polo Norte, para ocupar aquilo que atualmente é conhecido como a Ásia setentrional. A transformação de vegetação luxuriante em cadáver gelado não foi indolor nem particularmente gradual. Ela ocorreu por causa das mudanças no leito dos oceanos, e a consequente elevação da superfície ceifou a maior parte da segunda raça. A humanidade da terceira raça, embora na maior parte de sua evolução não tivesse uma mente na forma como a concebemos, tinha mesmo assim um sentido espiritual particular que agora está atrofiado há muito. Esse sentido foi incorporado no legendário "terceiro olho", raiz de todos os poderes psíquicos. No início da quarta raça (agora reconhecível como homens parecidos conosco, mas quase certamente gigantes em comparação com a humanidade atual), essa visão espiritual começava a se enfraquecer. No meio do período evolucionário dessa raça, o terceiro olho só podia ser despertado por estímulos artificiais.

O olho em si, que outrora se localizava fisicamente no centro da testa, retrocedeu gradualmente geração após geração para dentro da cabeça e foi recoberto pelo cabelo. Por algum tempo, porém, ele continuou a se dilatar durante o transe ou a experiência visionária. Por fim, ele degenerou completamente, deixando-nos apenas com um traço evolucionário na glândula pineal, dentro do cérebro.

Quando seu primeiro lar se tornou inabitável, esses primeiros homens se espalharam pelo arcaico continente da Lemúria, que se estendia do Oceano Índico à Austrália e englobava partes da África, Ceilão e Sumatra. E eles colonizaram Atlântida, o mais famoso dos continentes perdidos. As imensas cidades lemurianas eram construídas de pedra e lava – e não apenas sua área era enorme, mas também o eram suas construções individuais. A humanidade, embora diminuísse gradualmente de estatura, ainda era uma raça gigante e assim permaneceu durante o verdadeiro período atlante. Um exemplo dessa arquitetura ainda resiste atualmente nas misteriosas ruínas de Tiahuanaco, na Cordilheira dos Andes.

Apenas os historiadores podem dividir a história da humanidade em "períodos" definidos de desenvolvimento evolucionário e expansão geográfica. A realidade é uma mistura gradual desses períodos. Diante de um contexto de alterações geológicas importantes, algumas das quais causadas por uma redução na velocidade de rotação da Terra, sub-raças nasceram e morreram, às vezes aos milhões, em gigantescos cataclismos. A melhor linhagem da Lemúria, por exemplo, foi obrigada, no final de sua civilização, a se refugiar na ilha de Shamballah – que na época era rodeada de água e atualmente é um oásis secreto na desolação do Deserto de Gobi. Um ramo degenerado da linhagem assumiu uma existência primitiva como caçadores e homens das cavernas. Enquanto isso, os belos representantes amarelo-dourados da quarta raça que viviam na Atlântida atingiam a supremacia. A Lemúria estava se rompendo, rachada por suas próprias chamas vulcânicas. Aquilo que outrora fora um único continente de inimaginável magnitude tornou-se uma série de imensas ilhas que, ao longo das eras geológicas, também desapareceram da face do globo.

Desapareceram – mas não exatamente sem deixar rastros. Uma erupção vulcânica recente trouxe novamente à tona uma pequena partícula da perdida Lemúria no oceano. Ela se ergueu com um exército de estátuas gigantescas que até hoje é um dos mais profundos mistérios da humanidade. A partícula é conhecida atualmente como Ilha de Páscoa.

E a linhagem degenerada da Lemúria ainda está conosco, embora obviamente moribunda. É representada pelos primitivos aborígenes da Austrália.

Atlântida, nos primeiros tempos, era parte da Lemúria, mas deve ser considerada separadamente na história secreta da humanidade. Seus habitantes gigantes, aqueles lindos representantes de pele dourada da humanidade da quarta raça, tornaram-se, de acordo com a tradição esotérica, "negros de pecado". Mas nem todos: alguns que tinham interesse na sabedoria espiritual mantiveram vivo o terceiro olho e assim foram capazes de prever e evitar o dilúvio que ceifou Atlântida quando a quinta raça ainda estava em sua infância.

Essa quinta raça é a humanidade como a conhecemos atualmente. Ela começara a se espalhar pelo recém-surgido continente da Europa antes da submersão final do continente atlante (restando apenas a Ilha de Platão) há uns 850.000 anos...

Foi na fonte dessas reflexões impetuosas que beberam os futuros líderes do Terceiro Reich. Eles a condimentaram com as extraordinárias imagens de Hans Horbigger, que dizia que a Terra tivera três luas antes da atual. Cada uma dessas luas caíra a seu tempo, causando destruição inimaginável.

A ascensão e queda das raças, o aparecimento de gigantes, a evolução das civilizações, acreditava Horbiger, dependiam dos ciclos de ação lunar. A quarta lua (a nossa) fora capturada havia cerca de 12 mil anos, e em algum momento do futuro também há de cair...

Ideias desse tipo, com seus vastos panoramas de geografia e tempo, têm um atrativo inerente ao qual um determinado tipo de mente reage com arrebatamento. Elas também têm uma estrutura ampla o bastante para englobar praticamente qualquer preconceito ou teoria maluca. Uma tradição esotérica afirma que uma elite, sábia e poderosa, das primeiras raças foi para debaixo da terra para fugir das alterações geológicas e dilúvios. Será que os nazistas comparavam esses sábios e magos com a super-raça subterrânea da fantasia de Bulwer Lytton? Se sim, eles devem ter levado a sério a ideia ficcional de Lytton de que esses seres altamente desenvolvidos e poderosos estavam a ponto de emergir de sua toca para dominar o mundo. Certamente, em uma situação assim seria de bom senso tentar estabelecer uma aliança – naturalmente, uma aliança secreta e mágica. E como o panorama esotérico da pré-histórica tem espaço mais do que suficiente para permitir o traçado de qualquer genealogia racial que se deseje, os nazistas poderiam bem ter concluído – como de fato fizeram – que eram representantes por descendência de uma raça superior. Seu Reich mágico tornou-se então um meio para um fim; seu estabelecimento, apenas o primeiro degrau para um objetivo infinitamente maior – a realidade do poder global como um legado predestinado.

Assim a guerra mundial se tornou inevitável, já que suas sementes ocultas haviam sido lançadas nas perdidas Atlântida, Lemúria e Thule. E se os líderes nazistas jamais buscaram justificativa para suas ações, agora haviam encontrado uma excelente.

Afinal, estavam apenas cooperando com a evolução.

Capítulo 11

Símbolos Sinistros

Berlim, 1945. A guerra estava praticamente terminada. Apenas a insistência lunática da "vontade de ferro" de Hitler mantinha viva oposição ao avanço Aliado. Mas mesmo essa oposição era um piedoso vestígio do que um dia fora. Os poderosos exércitos alemães se reduziam a um punhado de adolescentes mal-treinados, reforçados por alguns soldados cansados e apavorados, exercendo uma ação de retardamento nos subúrbios de Berlim. O "Reich de mil anos" se tornara uma ruína fumegante. Os soldados russos passavam pelo entulho, lutavam de casa a casa, de rua a rua, para encontrar-se com seus aliados britânicos e americanos, que também exerciam pressão inexorável no coração da capital moribunda. Antes de invadir o setor oriental de Berlim, essas tropas russas encontraram algo muito estranho: vastos números de cadáveres tibetanos. O fato é mencionado por Maurice Bessy, e novamente por Pauwels e Bergier, que estabeleceu em mil o número de corpos. Eles usavam uniforme alemão, mas sem a insígnia usual de escalão.

Ainda de acordo com Pauwels e Bergier, uma pequena colônia trans-himalaia foi estabelecida em Berlim e Munique em 1926. Um de seus membros, um monge tibetano, adquiriu um vivo interesse pelo crescente movimento nazista e obteve certa notoriedade com suas predições acuradas sobre o número de membros do partido que obteriam assentos no Reichstag.

O Tibete foi invadido por tropas chinesas em 1950 e, atualmente, é parte integral da República Popular. Mas por séculos antes de 1950 era uma terra mística e misteriosa, uma espécie de capital mágica do planeta. Até que a força expedicionária de Younghusband chegasse ali em 1904, Lhasa, a capital, era uma cidade proibida, conhecida do mundo exterior principalmente pelos boatos. Mesmo depois de Younghusband assinar o tratado de comércio britânico-tibetano e se retirar, essa estranha e montanhosa região teve poucos visitantes. O número de tibetanos que saíam de seu território nativo para viajar à Europa era igualmente pequeno.

A religião do Tibete era o Budismo, mas como o Zen do Japão, era um ramo do Budismo muito afastado do original indiano. Muitos estudantes preferem o termo "Lamaísmo" para distinguir o Budismo Tibetano da raiz que lhe deu origem. A vida religiosa do país concentrava-se em uma porção de monastérios, muitos deles construídos em regiões montanhosas quase inacessíveis. Mas a atitude da população era tal que um a cada três homens se tornava monge. O governo do país era uma espécie de monarquia religiosa, como aquela que deve ter sido a única linha de sucessão reencarnatória do mundo. O chefe do governo era o Dalai Lama,* divina encarnação de Chenresi, o deus padroeiro do país – se é que podemos cunhar uma expressão levemente jocosa. O Dalai Lama era o chefe temporal e espiritual do Tibete. Todo o poder político e religioso estava em suas mãos.

---
*N.E.: Sugerimos a leitura de *Dalai Lama – Sua Vida, seu Povo e sua Visão*, de Gill Farrer-Halls, Madras Editora.

Quando um Dalai Lama morria, iniciavam-se imediatamente operações mágicas para tentar encontrar seu sucessor – ou, antes, para encontrar o novo corpo em que ele escolhera encarnar. Uma vez que os presságios apontassem um candidato provável, a criança era testada. Ele poderia, por exemplo, ter de escolher entre algum objeto, como um rosário pertencente ao Dalai Lama anterior e um item semelhante – mas em geral mais atraente – sem associações particulares. Se o menino escolhesse consistentemente coisas que houvessem pertencido ao antigo deus-rei, ele seria considerado uma verdadeira reencarnação e levado a Lhasa para o treinamento monástico.

Lado a lado com a região do Estado, o Lamaísmo, e próspera principalmente nas regiões rurais existia a religião nativa do Tibete, o Bon. Os Bon-pas seguiam um credo primitivo e animístico, chio de rituais sombrios e feitiços. Se os lamas sagrados das seitas budistas eram vistos como personificações da sabedoria espiritual, os sacerdotes de Bon tinham uma poderosa reputação entre as pessoas comuns como magos.

E por trás de toda essa fachada piedosa corre o verdadeiro curso do ocultismo tibetano – uma corrente negra que incluía os impressionantes programas de treinamento psico-físico do ioga tibetano e as doutrinas cuidadosamente ocultas da tradição esotérica do país.

Essa era a terra que, desconhecida do mundo, parece ter mandado um pequenino regimento para morrer pela Alemanha nazista. Mas, tirando a pequena Munique e as colônias já mencionadas em Berlim, qual poderia ser o vínculo entre o Tibete e a Alemanha? Não havia laços comerciais ou econômicos. Diferente da Grã-Bretanha, a Alemanha não tem histórico de imperialismo oriental. Não havia língua comum, religião comum nem afinidade política. Na verdade, o vínculo parece ter sido apenas mágico. Ou seja, os líderes nazistas, em muitos casos, eram atraídos ao Tibete por seu ar de mistério e ficavam extremamente intrigados pelas doutrinas secretas que chegavam até o Ocidente. Eles acreditavam, esses membros do Grupo Thule, a Loja Luminosa e as diversas outras organizações esotéricas que ajudaram a dar forma ao Terceiro Reich, em uma História esotérica da humanidade. E foi nos arquivos dos monastérios tibetanos que essa história se preservou em sua forma mais pura.

Já na segunda metade do século passado, pistas intrigantes a respeito dos ensinamentos secretos tibetanos haviam sido levadas para o Ocidente pela notável russa, Madame Helena Petrovna Blavatsky, que dizia ter sido iniciada pelas mãos dos próprios lamas sagrados. Mais exatamente, Blavatsky dizia que seus "mestres ocultos" tinham sua residência terrena nas fortalezas do Himalaia. Em suma, o Tibete era o verdadeiro lar do super-homem.

Não é de espantar que aqueles intrépidos caçadores do super-homem quisessem saber mais. Pauwels e Bergier contam que, logo que o movimento nazista teve fundos, começou a organizar uma porção de expedições ao Tibete e que elas "se sucederam praticamente sem interrupção até 1943".

Uma das mais tangíveis expressões do interesse nazista pelo Tibete foi a adoção de seu símbolo mais profundo e místico – a suástica.

A suástica é um dos símbolos mais antigos da humanidade e, excetuando-se a cruz e o círculo, é provavelmente o mais amplamente distribuído. Aparece em um fragmento de cerâmica da Grécia que remonta ao séc VIII a.C. Foi usada no antigo Egito, na Índia e na China. Os índios Navajo da América do Norte têm um padrão de suástica tradicional. Feiticeiros árabo-islâmicos a usavam. Mais recentemente ela foi incorporada à bandeira de certos estados bálticos. Os primeiros missionários cristãos na Índia, que a encontraram na cabeça de ídolos de Vishnu, a chamaram de "signo do diabo". Na verdade, em sua forma original, era justamente o contrário – o símbolo do sol e, portanto, da vida. Os budistas a consideravam "a acumulação de signos afortunados com dez mil virtudes, sendo uma das 75 figuras místicas que se acreditam ser retraçáveis a cada uma das famosas pegadas de Buda". O próprio nome deriva do sânscrito *svastika*, que significa boa fortuna e bem-estar.

William Shirer credita a adoção desse antigo símbolo pelos nazistas ao próprio Hitler:

> No verão de 1920, Hitler, o artista frustrado que começava a se tornar um mestre propagandista, teve uma inspiração que só poderia ser descrita como um lance de gênio. O que faltava ao partido, disse ele, era um emblema, uma bandeira, um símbolo, que expressasse aquilo que o partido representava e apelasse à imaginação das massas que, segundo o raciocínio de Hitler, devem ter um estandarte marcante para seguir e pelo qual lutar.

Ele descreve então como, "depois de muito pensar" e da produção de diversos desenhos malogrados, Hitler finalmente chegou à bandeira nazista na forma como ficou conhecida em toda a Alemanha. Ela apresentava um disco branco sobre um fundo vermelho. No centro do disco estava a suástica.

Em *Mein Kampf*, Hitler diz o seguinte sobre a suástica: "Um símbolo, eis o que é! No vermelho vemos a ideia social do movimento, em branco a ideia nacionalista, na suástica a missão da luta pela vitória do homem ariano." Em outras palavras, a suástica representava um vínculo simbólico com a pré-história esotérica que remonta a Thule. Shirer acrescenta: "De onde Hitler teria tirado a ideia de usá-la para a bandeira e a insígnia do partido ele não conta..."

Na verdade, a ideia veio de um dentista chamado dr. Friedrich Krohn que, os leitores não ficarão espantados em saber, era membro da secreta Ordem Germanen.

Krohn fez projetos para a forma na qual os nazistas acabaram por usar o símbolo – com uma importante diferença. É essa diferença – e a reação de Hitler a ela – que nos dá a primeira (mas não a única) pista para o fato de que o Terceiro Reich não era apenas um Estado mágico, mas um Estado deliberadamente satânico ou ligado à magia negra.

Essa não é uma teoria nova. Foi explorada já em 1941, e possivelmente até mesmo antes. Mas termos como "Satânico" são muitas vezes usados simbolicamente, assim como os termos "demoníaco" e "hipnótico" para descrever a personalidade de Hitler. Mesmo assim, um cuidadoso estudo dos indícios leva à conclusão de que Hitler e os principais nazistas levavam esses termos perfeitamente a sério; que eles de fato acreditavam estar realizando uma forma literal de magia negra ou satânica.

Como mencionado anteriormente, a maior parte das energias mágicas é considerada, pelos ocultistas, essencialmente neutra. Elas são, como disse Madeline Montalban, como a água, que pode lavar ou afogar. Na pior das hipóteses, essas forças se assemelham à eletricidade, que pode ser perigosa para uma pessoa que não conheça as técnicas "mágicas" do isolamento que levam a seu controle. Mas há outras energias discutidas bem menos abertamente. Elas são consideradas, pelos ocultistas, *más por si mesmas*. Os cabalistas as associam às Sefiroth Inversas da Árvore da Vida e elas são personificadas como as Qlipoth ou Senhores do Caos. E como as energias mágicas neutras ou benévolas podem ser atingidas com a manipulação correta de certos símbolos, essas forças caóticas podem ser evocadas, em teoria oculta, *invertendo-se os símbolos*.

O exemplo mais amplamente divulgado dessa doutrina é a notória missa negra, que só pode ser celebrada de fato por um padre destituído da batina diante de uma congregação de católicos prescritos. Eles acreditam, muitas vezes com convicção maior que a de muitos cristãos, que o sacrifício atrai poderosas correntes de energia divina. Disso logicamente advém que, se desejam atingir as energias satânicas – o oposto direto da energia divina – a missa deve ser invertida.

Essa inversão é realizada de maneira particularmente blasfema: um banquete, e não um jejum, é recomendado como preparação; a luxúria substitui a castidade como o estado mental "apropriado" da congregação; a continência sacerdotal se transforma em orgia; o altar é o corpo de uma mulher nua, de preferência uma prostituta; o crucifixo é invertido e quebrado; um nabo negro (se tanto!) substitui a hóstia, que é "consagrada" na vagina da prostituta; o vinho da comunhão é urina. E assim por diante.

Hitler nasceu em uma família católica e foi batizado na fé católica. Isso talvez seja significativo quando se descobre que o cerimonial adotado nas reuniões da Juventude de Hitler tinham uma semelhança desconfortável com a missa católica.

Por mais intrigante que isso pareça, nossa atual preocupação é com uma inversão mais esotérica. Como símbolo solar, a suástica é considerada um movimento giratório. A direção do giro é indicada pelo fato de que os braços "se viram para fora", como se diria. Ao girar em sentido horário, acreditam os budistas, a suástica atraía a sorte e simbolizava os "poderes da luz". Como ocultista, o dr. Krohn estava perfeitamente a par dessa crença e seus desenhos originais traziam o símbolo girando em sentido horário, "com o sol". Mas Hitler não tinha interesse nos poderes da luz. Ele ordenou que a suástica fosse invertida para que girasse em sentido anti-horário. E assim, finalmente, ela apareceu, como bandeira da Alemanha e insígnia do Partido Nazista, uma indicação para os que tinham olhos para enxergar a natureza satânica do Reich Oculto.

Capítulo 12

Mago Siberiano

O Reich Oculto exibe estranhas raízes tibetanas. Essas não se limitaram à adoção da suástica e a um fascínio geral pela terra do mistério e da magia além do Himalaia. Na verdade, talvez a verdadeira chave do Terceiro Reich esteja enterrada na história do Tibete, já que foi ali que Karl Haushofer, o iniciado que ensinou o jovem Hitler, encontrou pela primeira vez, literalmente, o super-homem da lenda nazista.

Em algum momento por volta de 1880 ou pouco antes, um jovem lama chegou à capital tibetana de Lhasa. Na época, pouco havia que o distinguisse dentre os outros monges noviços da cidade, exceto talvez o fato de que ele não era tibetano. Nascera em Azochozki, que fica a leste do Lago Baikal nas estepes siberianas. Seus traços e sua raça eram asiáticos – mongol Buriate – mas sua nacionalidade era russa. No Tibete, nesses primeiros dias, ele era conhecido como Chomang Lobzang. Mais tarde, quando saiu para o mundo, foi chamado Khende-chega em Lhasa e, ainda mais tarde, Tsannyis Khan-po – sendo ambos títulos, mais do que nomes próprios. Para aumentar a confusão, ele parece ter tido ainda os nomes de Ngakuwang-dorje e Akohwan Darjilikoff. Na Rússia, era conhecido como Hambro Akvan Dorzhieff, ou alternativamente Dorjieff. Este último nome, que foi aquele pelo qual ele se tornou conhecido nos círculos políticos internacionais na virada do século, é uma versão russa de uma palavra tibetana que significa "trovão".

Pouco depois de sua chegada ao Tibete, o jovem Dorjieff entrou no monastério de Drepung, uma das três grandes sedes da sabedoria religiosa do país e – ao menos segundo alguns observadores da época – um canteiro de intriga política. Aparentemente, ele não se envolveu em política por muito tempo. Seus principais talentos apontavam em uma direção inteiramente diferente, pois após anos de estudo zeloso, tornou-se professor de Metafísica. Ele poderia muito bem ter morrido na obscuridade – sina nada incomum para professores tibetanos. Mas o destino tece padrões curiosos.

Em 1898, ele foi enviado por seus superiores de volta à Rússia. Sua missão era religiosa: devia coletar contribuições dos bolsos budistas nas províncias do sudeste, que viam Lhasa mais ou menos como os muçulmanos veem Meca. Ele viajou extensivamente entre os tártaros do Baikal e acabou por atrair a atenção do governo russo. Os ministros czaristas não se interessavam mais por metafísica do que, imagino eu, seus equivalentes comunistas de hoje em dia. Mas tinham faro para descobrir uma grande oportunidade. Uma forte influência russa em Lhasa seria um sábio passo para a consolidação do Império Centro-Asiático que o Czar acreditava ser direito de nascença de seu país. O Tibete, na época, não estava em nenhuma esfera de interesse particular – exceto talvez pela China que, por não ser uma grande potência, não contava. Ele seguira rigorosamente uma política de isolamento por séculos. Mas as cunhas têm bordas. A Rússia viu em Dorjieff uma dessas bordas.

Ele não parece ter sido um instrumento inocente. Voltou ao Tibete com muitos presentes valiosos em seus alforjes e elevadas esperanças de converter Lhasa ao ponto de vista político do Czar. Suas ideias causaram impacto imediato no Dalai Lama daquele tempo. Ele argumentou com bastante força. O tradicional defensor do Tibete, a China, não era mais uma potência militar de alguma consequência – e estava, além disso, totalmente sob dominação britânica. Os ingleses eram uma nação de hereges, sem respeito pela religião budista. A Rússia, por outro lado, tinha genuíno potencal militar e havia até mesmo – assim dizia ele – a possibilidade de converter o Czar Nicolau ao Budismo.

Longe de dizer que era questão do Tibete cair sob a influência russa, Dorjieff via que, a longo prazo, a raça russa acabaria por cair sob a influência religiosa do Tibete!

Era uma perspectiva intrigante e certamente atraiu o Dalai Lama, um homem alto, arrogante e altamente dogmático. Mas o Dalai Lama, apesar de sua enorme influência, não tinha autoridade absoluta. Para uma decisão desse tipo, ele precisava do amparo de seu gabinete, os Tsong-du. Em suas tentativas de persuasão, teve o apoio do primeiro-ministro do país, um homem com um ódio permanente de tudo o que era britânico, pois havia sido atirado em uma fonte por um oficial britânico na Índia anos antes. Mesmo assim, o gabinete não foi imediatamente convencido.

Já em 1893, a Grã-Bretanha concluíra um tratado com a China, que decidia algumas incômodas diferenças fronteiriças com o Tibete e negociava direitos limitados de comércio na região meridional desse país. Mas a China, embora nominalmente suzerana do Tibete, não podia fazer com que o tratado fosse cumprido. Uma comédia himalaia se iniciou. Delegados britânicos e chineses chegaram à fronteira para estabelecer as demarcações da fronteira recentemente decidida. Os tibetanos observaram as operações calmamente. Quando os delegados se retiraram, eles arrancaram os marcos e restabeleceram a antiga fronteira. Então a Grã-Bretanha solicitou suas concessões comerciais. Lhasa adotou uma postura suave, vaga, oriental. O Tibete não sabia nada sobre concessões comerciais.

Mas isso não era comédia para o vice-rei da Índia, Lorde Curzon. As atividades de Dorjieff tornavam-se cada vez mais conhecidas fora do Tibete – principalmente graças ao próprio Dorjieff. Ele fez mais duas viagens a Moscou e, na segunda delas, voltou no final de 1901 com um esboço de tratado entre os dois países. Como o gabinete ainda hesitasse em se deixar persuadir, o Dalai Lama determinou-se a provocar uma crise com a Índia Britânica que levaria à intervenção russa no lado do Tibete.

As armas russas de pequeno porte – principalmente rifles – começaram a entrar no Tibete. Os tibetanos invadiram o território britânico no protetorado montanhoso de Sikkim. Um posto alfandegário tibetano foi estabelecido a 15 milhas dentro de Sikkim e os súditos britânicos não podiam passar além dele. Dorjieff gabou-se – e certificou-se que que Curzon ficasse sabendo – que os russos teriam um destacamento de cossacos em Lhasa na primavera de 1904. Entre eles, o Dalai Lama e Dorjieff cumpriram seu objetivo. Os britânicos de fato reagiram. Tropas começaram a concentrar-se na base de Gnathong, em Sikkim. Em 12 de dezembro de 1903, elas se deslocaram pela Passagem de Jelop. A Rússia, para consternação dos dois conspiradores, não interveio.

A invasão britânica do Tibete, sob a coordenação de Sir Francis Younghusband, teve tanto sucesso que o Dalai Lama foi forçado a fugir de seu país em 1904. Junto com ele foi Dorjieff, que desapareceu na Mongólia e deixou, pelo menos aparentemente, de representar qualquer papel na política internacional. Mas as aparências podem ter sido enganosas. Dorjieff, ao que parece, voltou ao Tibete após a saída dos britânicos. Existem sugestões de que ele teria sido visitado ali por Karl Haushofer em 1903, 1905, 1906, 1907 e 1908. Haushofer, obviamente, fundou o Grupo Thule em 1923 auxiliado pelo odioso Dr. Theodor Morell que, mais tarde, como médico pessoal de Hitler, tanto faria para arruinar a saúde do Führer com curandeirices.

O Grupo Thule, que quase certamente teve como molde grupos esotéricos semelhantes do Tibete, estudava as antigas *Stanzas de Dzyan* – a pedra angular da "doutrina secreta" de Blavatski e o fundamento da cosmogênese oculta narrada anteriormente neste livro. Hitler e Himmler se tornaram membros do Grupo Thule no ano em que ele se formou, apresentados por Morell. Assim também, em algum momento, fizeram Göring e o filósofo do partido, Rosenberg. Louis Pauwels alega ter informações de que o aspecto prático do trabalho do grupo envolvia uma forma de adivinhação usando um baralho esotérico tibetano especial. Hitler parece ter sido particularmente adepto disso (como o são com frequência os precognitivos) e usava o sistema para adivinhar o futuro político como base para suas decisões militares. O jogo, conta Pauwels, também era usado para manter a comunicação mística com o mestre secreto do Grupo, conhecido pelo título simbólico de "Rei do Medo".

Mas o Grupo tinha um meio um pouco mais mundano de comunicação – um transmissor/receptor de rádio – que sugere que o mestre secreto tivesse existência corpórea em algum lugar do planeta. Seria o Rei do Medo na verdade o professor tibetano de Metafísica, o Lama Dorjieff? Na década de 1920, quando o Grupo Thule se formou, ele deixara o Tibete e estava vivendo na França, dentro do alcance de um rádio de ondas curtas na Alemanha. Também começava a atingir uma nova fama internacional sob um novo nome, que será imediatamente reconhecido não apenas por estudiosos do oculto mas também por muitos intelectuais e psicólogos.

Pois o Lama Dorjieff era simplesmente mais um apelido para o mais fascinante de todos os ocultistas do século XX, George Ivanovitch Gurdjieff.

A cosmologia de Gurdjieff, com seus anéis dentro de anéis e almas sendo sugadas para alimentar a lua, é tão simbólica (ou talvez apenas tão mal escrita) que eu, por exemplo, acho-a impossível de compreender. Mas sua psicologia é algo bem diferente.

Na raiz de todo o seu ensinamento está a ideia de que os homens, com raríssimas exceções, vivem a vida em um estado análogo ao do sono. Embora nos sintamos despertos e no controle de nossas ações, na verdade o oposto é verdadeiro. O que quer que possamos imaginar, nossas ações não nascem de nenhum exercício da vontade: as coisas simplesmente acontecem a nós, é tudo. Passamos pela vida como robôs, o efeito de uma infinidade de causas. O clima nos deprime ou a situação internacional nos preocupa. Onde quer que estejamos, o que quer que façamos, nunca estamos livres; pois a liberdade é, no fim das contas, a liberdade de sermos nós mesmos e poucos de nós sequer sabem o que somos, que dirá como sê-lo. Palavras como "evolução" e "progresso" são, de acordo com o ponto de vista de Gurdjieff, sem sentido se aplicadas à vida do homem médio. Nenhum progresso real, de qualquer tipo, é possível até que de alguma forma consigamos ultrapassar nosso curioso estado de sono.

Os estudiosos que levaram a psicologia de Gurdjieff além do puramente teórico viram-se envolvidos, sob sua orientação, em uma série de exercícios físicos e psico-espirituais designados para ajudá-los a despertar. Ele acreditava que os homens permaneciam adormecidos durante a vida porque na maior parte do tempo esqueciam a si mesmos – ou seja, não estavam conscientemente cientes de si mesmos como participantes ativos no drama da vida. Sua atenção está continuamente – e habitualmente – concentrada para fora, de modo que suas reações são simplesmente respostas automáticas a estímulos externos. Para despertar desse estado de semidormência, ele ensinava a necessidade de autolembrar-se. O indivíduo tinha de construir um hábito de autoconsciência tão firme que este se tornasse seu estado permanente e automático.

Vários dos exercícios designados para estimular a autoconsciência eram, para dizer o mínimo, bizarros. Em um dos grupos de Gurdjieff, por exemplo, havia uma regra firme de que, a um dado sinal, cada um dos membros devia congelar como uma estátua na posição em que por acaso calhasse de se encontrar. Ele era então obrigado a manter essa posição sem mover um músculo até que um segundo sinal o liberasse. O exercício era correto se por acaso o sinal viesse quando você estivesse deitado em um sofá. Mas era igualmente possível que você fosse forçado a congelar no ato de levantar-se de uma cadeira. Como um estudante comentou anos mais tarde, a tensão muscular de manter essa posição certamente segurava sua atenção em você mesmo – na verdade, era tudo em que você seria capaz de pensar até que o segundo sinal soasse. Havia também, é claro, exercícios puramente psicológicos de autorrecordação e, em certos casos, eles parecem ter dado resultados mensuráveis. Um dos alunos mais conhecidos de Gurdjieff descreveu como se empenhou na autorrecordação ao andar pelas ruas de Moscou. Mais tarde descobriu que podia se lembrar de seu passeio nos mais vívidos detalhes, podia mesmo contar vidraças nos quadros mentais de sua lembrança – exceto por uma fatia do dia que era um branco total. Um autoexame cuidadoso revelou que o branco coincidia em um lapso em sua concentração de autorrecordação. Ele andara por aquela parte da cidade no antigo estado familiar de sono. Suas recordações vívidas do restante de seu dia mostravam que ele atingira então um certo grau da vigilância mística pela qual se empenhavam os seguidores de Gurdjieff.

Gurdjieff, que estudou técnicas Sufi e Dervixe, assim como a sabedoria esotérica tibetana, gostava de exibir o progresso de seus pupilos em mostras públicas de "balé". Parte de um relato contemporâneo de um desses balés, apresentado em Nova York, em 1924, conta:

> Era realmente fantástico, já que cada pessoa dançava de maneira diferente. A orquestra produzia estranha música, na qual predominavam os tambores... Gurdjieff dirigia os dançarinos, assinalando o início com uma ondulação de seus braços e fazendo-os parar repentinamente. Eles tinham de ficar tão parados quanto estátuas na posição em que houvessem parado. Pareciam estar sob algum poder hipnótico... Essas danças podem, disseram-nos, conduzir a uma consciência mais elevada e, por essa razão, eram praticadas pelos místicos orientais... Elas ensinam aqueles que as praticam a ficar conscientes de todas as funções do corpo, ao passo que na vida normal mal percebemos mais do que uma quarta parte delas. Por exemplo, de acordo com Gurdjieff, é possível aprender a regular a circulação do sangue e controlar as glândulas tão facilmente quanto se mexe um braço ou se chuta um toco.

Havia, porém, um aspecto menos divertido no sistema de Gurdjieff. O próprio Louis Pauwels o praticava e terminou à beira do suicídio, quase cego de um olho e fisicamente tão fraco que precisou ser mandado ao hospital. Em seu estudo, *Gurdjieff*, ele descreve a aparência de duas moças americanas levadas a um extremo semelhante ao se empenhar no trabalho: "Eram extremamente magras e se podia sentir que seus nervos vibravam, enroscando-se em nós em seu pescoço e em volta do coração. Seu sangue parecia circular sem força; seu rosto era cinzento e os olhos hipnotizados. Estavam em seu último suspiro, prontas para mergulhar na morte e, na verdade, já inclinadas na direção dela – fascinadas."

Apesar de suas dificuldades e perigos, a técnica de Gurdjieff atraiu a atenção de algumas das melhores mentes da Europa. Katherine Mansfield a praticava, assim como o filósofo russo P.D. Ouspensky, a cantora de ópera Georgette Leblanc, Margaret Anderson, primeira editora do *Ulisses* de Joyce, e o psicólogo Maurice Nicoll. D.H. Lawrence foi atraído por ela, embora nunca tenha podido se convencer a mergulhar de cabeça: achava que as disciplinas poderiam interferir com sua prezada liberdade artística.

Mas seria o homem tão atraente quanto suas doutrinas? Há diversas histórias que indicam que ele tinha poderes extraordinários. Conta-se, por exemplo, que ele apareceu para seguidores em uma parte da Rússia enquanto seu corpo permaneceu em outra parte – uma façanha de ocultismo técnico conhecida como projeção etérica ou astral. Muitos de seus discípulos estavam convencidos de que lhe bastava olhá-los para conhecer seus segredos mais íntimos. Curiosamente, parece haver alguma base factual para esta última ideia. Ouspensky, uma testemunha confiável, relata uma comunicação silenciosa com Gurdjieff durante a qual ele parecia ouvir a voz do mago siberiano falando em sua mente: um exemplo de telepatia de alta ordem. Rom Landau, ao descrever seu primeiro encontro com Gurdjieff, diz: "Eu começava a sentir uma distinta fraqueza nas partes inferiores do meu corpo, do umbigo para baixo, principalmente nas pernas. A sensação aumentava a cada segundo. Depois de uns vinte ou trinta segundos, ela ficou tão forte que eu sabia que mal seria capaz de me levantar e deixar o recinto. O Sr. Landau observou de passagem que não era um bom sujeito hipnótico, nem se considerava particularmente sugestionável. Achava que uma possível explicação para as sensações era que Gurdjieff o estava sujeitando a um exame clarividente – um processo que supostamente produz essa sensação estranha.

Gurdjieff parecia ser capaz de influenciar as pessoas à vontade. Uma escritora americana por acaso atraiu sua atenção quando almoçavam no mesmo restaurante de Nova York. Ele aparentemente começou uma de suas disciplinas esotéricas, tendo iniciado uma das formas de respiração do ioga e, de acordo com uma testemunha ocular, a mulher empalideceu e parecia à beira de um desmaio. Mais tarde, ela admitiu que quando Gurdjieff olhou para ela, sentira "como se houvesse sido atingida em seu centro sexual" - uma frase que considero um eufemismo para ter um orgasmo.

Além de sua influência, Gurdjieff tinha diversos outros atributos marcantes. Um deles era sua surpreendente vitalidade. Registros daqueles que o conheceram comentam a respeito dessas espantosas reservas de energia. No início da década de 1930, ele comprou um carro, que adorava dirigir pelas estradas em alta velocidade, até que o inevitável aconteceu e ele se envolveu em um acidente sério. Foi levado ao hospital inconsciente e em condição crítica. Sofrera lacerações no rosto e nas mãos, fraturara costelas e tivera muitas queimaduras. Os médicos suspeitaram de que houvesse também ferimentos internos, mas, ao recobrar a consciência, ele recusou tanto os radiogramas quanto o tratamento médico. Deixou o hospital e tratou-se em casa com tanto sucesso que um de seus alunos observou que ele parecia mais jovem depois do acidente do que antes – como se o choque houvesse fortalecido seu sistema em vez de enfraquecê-lo.

Ele não era jovem quando o acidente aconteceu, mas há considerável controvérsia a respeito de sua idade real. Pauwels diz que tinha 83 anos quando morreu em 1949. A partir de referências em sua conversa, Landau calculou que devia ter "ao menos 70" em 1933 (embora observasse que não parecia ter mais de 50), o que o deixaria com 86 no momento da morte. Mas nenhuma dessas estimativas parece estar perto da verdade.

Quando foi enviado por Lhasa para coletar tributos dos Tártaros, em 1898, ele já tinha 52. No momento de sua morte, esse notável russo tinha, na verdade, 103 anos.

Na raiz da filosofia nazista estava o conceito de super-homem. Não era um objetivo hipotético. Também o desenvolvimento do super-homem não era somente uma questão de procriação seletiva, como a maior parte dos historiadores parece imaginar.

Hitler disse a Hermann Rauschning, o líder nazista em Danzig, que o super-homem era uma realidade física verdadeira e viva, "que vive entre nós agora". Ele o vira, declarou. Poderíamos nos perguntar se estava descrevendo um encontro com Gurdjieff, o ocultista que em sua longa vida impressionou tantos outros por ser algo próximo a um super-homem? Sabemos, por relatos em primeira mão, que a reação mais comum à singular personalidade de Gurdjieff era o terror. Ao descrever um de seus seguidores, por exemplo, Landau diz que "poucas vezes vira um par de olhos tão assustado".

Como Hitler reagiu ao super-homem? "Tive medo dele", admitiu a Rauschning. Parece que "o Rei do Medo" e a inspiração de Hitler podem muito bem ter sido o mago da Sibéria.

Capítulo 13

Reich Oculto

Como era a qualidade de vida no Reich Oculto? Já temos a avaliação de Shirer: ele ficava invariavelmente deleitado em sair de lá. "É maravilhoso", escreveu, "o alívio que você sente no minuto em que sai da Alemanha". As forças psíquicas que agiam no estado satânico produziam – ao menos naqueles que não haviam sucumbido ao Satanismo – melancolia, tensão e depressão.

E era mesmo um estado satânico. Não pode mais haver a menor dúvida a respeito. A verdade se refletia nos uniformes negros das onipresentes SS, com sua insígnia necromante do crânio. Também se refletia nas ações e nas opiniões da hierarquia nazista.

Quando os nazistas chegaram ao poder na Alemanha, os primeiros a sofrer não foram, como se poderia imaginar, os judeus, mas os ocultistas – e particularmente os astrólogos. Isso levou diversos historiadores a concluir, como Ellic Howe, que "o próprio Hitler, apesar dos muitos boatos contraditórios, não via aplicação para os ocultistas em geral ou astrólogos em particular". Já sabemos que ele tinha, sim, diversas aplicações para os ocultistas em geral, tendo inclusive passado por algum tipo de treinamento oculto. Mesmo assim, não há dúvida de que se voltou duramente contra eles.

As primeiras indicações da forma daquilo que viria surgiram na primavera de 1934, quando o chefe de polícia de Berlim anunciou a banição de todas as formas de leitura da sorte. Logo em seguida, houve um confisco geral de livros e literatura sobre ocultismo em toda a Alemanha. As ordens vinham de cima. A ação não era, como pode acontecer, resultado de um entusiasmo exagerado da parte da própria polícia, pois os soldados comuns pareciam totalmente confusos sobre quais livros exatamente deveriam confiscar. Como resultado, diversos volumes perfeitamente ortodoxos acabaram apanhados na rede. Assim, os ramos alemães da Sociedade Teosófica de Madame Blavatsky foram banidos. Talvez o mais surpreendente tenha sido quando os nazistas dominaram a Áustria em 1938 e Adolf Lanz, autointitulado guru de Hitler e fundador da ordem que se gabava de ser a primeira manifestação do movimento de Hitler, foi impedido de publicar seus escritos. A própria Ordem dos Novos Templários tornou-se clandestina e aparentemente acabou por encerrar suas atividades. Já mencionamos a atitude de Hitler para com os maçons e a Ordem Germanen, que lhe dera, por meio de um de seus membros, o próprio símbolo de seu Estado.

Se Hitler era um mago, por que se mobilizaria desta forma contra seus colegas cultistas? A resposta bem simples é que *por ser* ele um mago, agiu desse modo. Basta pensar um pouco para compreender. Para os políticos em geral, os ocultistas representam uma facção lunática da sociedade, totalmente inofensiva para o Estado e demasiado envolvida em suas próprias crenças bizarras para causar aborrecimentos até mesmo para seus vizinhos. Qualquer sugestão de que as disciplinas desse grupo de lunáticos pudessem produzir poder real é desprezada como delírio supersticioso. O político, na verdade, nem chega ao ponto de pensar essas coisas que acabo de lhe atribuir. O ocultismo, quase certamente, será a última coisa que lhe virá em mente: ele já tem problemas práticos o bastante para poder se preocupar com isso. Assim, em um regime não mágico, os ocultistas passam mais ou menos ilesos. As exceções, como ocasionalmente surgem, são mais aparentes do que efetivas. Na China comunista, por exemplo, há uma certa desaprovação oficial das artes esotéricas. Mas isso ocorre porque elas são consideradas supersticiosas, e os líderes chineses vermelhos preocupam-se com sua imagem no mundo moderno. Também na Rússia os ocultistas às vezes sofrem. Mas isso se deve mais a uma desconfiança política saudável contra as sociedades secretas do que à prática da magia. E vale a pena indicar que em nenhum desses países comunistas houve uma extirpação deliberada e concentrada de ocultistas como ocorreu na Alemanha nazista.

Hitler, por outro lado, era um verdadeiro crente. Ele e muitos de seus colegas nazistas estavam convencidos de que um poder muito real subsistia no mundo sombrio do oculto. Como usara técnicas ocultas para ascender ao poder, não queria competição. Dois pontos são de relevância neste caso: 1) O *tipo* de ocultista que ele perseguiu com maior rigor e 2) o fato de que toda essa atividade não era designada para aniquilar a prática mágica, mas apenas, como veremos, para assegurar que ela fosse prerrogativa única do partido nazista. Desse modo, a Alemanha nazista seguiu exatamente o padrão de todos os outros estados modernos ao lidar com algo que consideram particularmente perigoso. A América, embora seja a terra da iniciativa privada, não permite que suas empresas brinquem com bombas H. O governo britânico dificilmente permitiria experimentação privada com gás asfixiante.

Vale a pena examinar ambos os pontos com mais atenção.

Um outro austríaco se apresenta para nossa investigação. Rudolf Steiner* nasceu dentro das fronteiras desse país em 1861. Como os outros indivíduos incomuns que encontramos, seu local de nascimento era uma região de fronteira: de fato, hoje a mudança de fronteiras a levou para a Iugoslávia.

Steiner tornou-se um gênio. Não há outra palavra para descrever adequadamente esse homem extraordinário. Não havia nada em sua família ou sua criação que desse qualquer pista do que ele viria a se tornar. Seu pai era um oficial menor de estradas de ferro. Teve pouca educação formal, ao menos no início: os recursos em sua vizinhança eram modestos. Mas logo o brilho de sua mente começou a se destacar. Ele não quis se especializar. Na escola secundária, ensinava artes a seus colegas enquanto ele próprio estudava ciência. Manteve essa incomum combinação de artes e ciência durante os anos que passou na Universidade de Viena.

Embora os biógrafos busquem diligentemente por pistas do interesse esotérico que se tornaria a obsessão de sua vida, elas são poucas e espaçadas. Começou a trabalhar nos Arquivos de Goethe aos 29 anos e, embora sem dúvida fosse brilhante, parece ter sido mais ou menos ortodoxo nessa época. Mas sua vida interior se desenvolvia e, quando se mudou para Berlim em 1897 para editar uma revista literária, iniciara um regime regular de meditação. Em algum momento de 1899, aceitou um convite para falar diante de uma plateia composta por membros da Sociedade Teosófica de Madame Blavatsky. Esse foi um ponto decisivo de sua vida. As doutrinas místicas da teosofia o atraíam. Ele entrou para a Sociedade Teosófica e conheceu seus líderes em Londres. Por fim, tornou-se secretário-geral do ramo

---

* N.E.: Sugerimos a leitura de *Rudolf Steiner*, coletânea de Richard Seddon, e *A Filosofia de Rudolf Steiner*, de Andrew Welburn, Madras Editora.

alemão. Embora tenha rompido com os teosofistas em 1909 e formado sua própria Sociedade Antroposófica (o nome um tanto canhestro associa a ideia de sabedoria com a ideia de homem), fica bastante óbvio em seus escritos mais novos que ele nunca deixou de simpatizar com muitas das ideias teosóficas.

Suas realizações artísticas eram impressionantes. Ele estudava arquitetura e, posteriormente, projetou o quartel-general suíço de sua própria Sociedade Antroposófica, incorporando diversas características que depois seriam amplamente imitadas. Ele estudou Dramaturgia e mais tarde tornou-se produtor e dramaturgo. Começou a esculpir. Desenvolveu uma nova forma de arte, semelhante em alguns aspectos à dança, chamada euritmia. E nada disso era superficial. Os produtos finais de suas aventuras artísticas eram prova disso.

Suas realizações científicas eram ainda mais impressionantes. Ele iniciou todo um novo sistema educacional: existem escolas de Steiner em todo o mundo atualmente. Suas ideias sobre medicina ainda despertam o interesse da comunidade médica. Ele desenvolveu uma nova forma de agricultura que só agora está recebendo reconhecimento, com a descoberta comparativamente recente dos efeitos ambientais adversos dos fertilizantes químicos.

Sua principal preocupação, porém, continuava a ser o oculto. Sua primeira mentora, Madame Blavatsky, era tão inflexível a respeito dos perigos da aplicação *prática* dos princípios esotéricos que seus seguidores, na maior parte, permaneceram no campo teórico. Mas Steiner discordava dessa abordagem. Seu primeiro trabalho antroposófico, *Knowledge of the Higher Worlds*, dava exercícios espirituais feitos para auxiliar a evolução humana. Porém, ele estava consciente, tanto quanto Blavatsky, dos perigos do ocultismo prático: insistia em que uma moralidade altamente desenvolvida deveria vir antes da revelação do conhecimento esotérico.

A investigação da variada e fascinante carreira de Steiner e o estudo de suas ideias igualmente variadas e fascinantes nos deixam com a impressão de um mago branco arquetípico – um ocultista que usa seu conhecimento e poder para beneficiar o próximo mais que a si mesmo.

Morreu aos 64 anos em 1925, alguns anos antes de os nazistas chegarem a uma posição de autoridade na Alemanha. Mas antes desse dia e apesar do fato de que eles deviam ter trabalho político bem mais urgente a fazer, os nazistas caçaram os antroposofistas, dissipando suas reuniões e atormentando-os em toda oportunidade.

Quem é o inimigo tradicional de um mago branco? Dizem que seria aquele que serve a um senhor diferente...

Voltaremos aos indícios do aspecto satânico do ocultismo de Hitler dentro em pouco. Até lá, já será bastante educativo examinar cenas selecionadas da vida no Reich Oculto.

Se o Presidente Nixon repentinamente desertasse para Pequim ou Fidel Castro pedisse asilo político à Grã-Bretanha, isso não causaria tanto choque quanto o que tiveram os líderes alemães em 10 de maio de 1941.

Às 17h45 dessa data, o vice-Führer Rudolf Hess, amigo de Hitler desde os primeiros dias e o segundo indivíduo mais poderoso do partido nazista, embarcara em um Messerschmitt em Augsburgo e decolara sozinho, a caminho da Escócia. Quando Hitler recebeu a notícia (por mensageiro, em uma carta de Hess), ficou atônito. Testemunhas oculares descrevem como ele andava de um lado para outro em seu estúdio, batendo na testa e repetindo sem parar que Hess devia ter ficado louco. A carta foi considerada mais uma prova de sua loucura. O conteúdo, aparentemente, não era nada claro. "Não consigo reconhecer Hess aqui", disse Hitler. "É uma pessoa diferente. Algo deve ter acontecido a ele – algum distúrbio mental."

De fato, algo acontecera a ele. Seu "mestre secreto", o mago professor Karl Haushofer, revelara a ele uma visão mística. Em um sonho, o iniciado de Munique vira Hess ingressando nos salões baroniais dos castelos ingleses em uma missão para fazer a paz entre as duas grandes nações nórdicas.

Hitler mandou chamar Göring e houve uma acalorada conferência sobre o que deveriam fazer para enfrentar uma eventualidade tão bizarra. Sua reação final foi bastante típica. Wilhelm Messerschmitt, chefe da companhia de aviação que possuía Augsburgo, foi preso, assim como diversos membros da equipe pessoal de Hess. Entre eles estava Ernst Schulte-Strathaus, ocultista e astrólogo. Era um sinal do que estava por vir. Embora Schulte-Strathaus negasse conhecer os planos de Hess, astrologicamente ou de outra maneira, os chefes do partido traçaram planos imediatos para um novo expurgo mágico.

Em 9 de junho, a Gestapo entrou em ação em toda a Alemanha, prendendo ocultista atrás de ocultista. Entre os que sofreram estavam seguidores de Lanz e Steiner, junto com clarividentes, curandeiros pela fé e mesmo defensores de curas naturais. "A atenção da Gestapo se concentrava principalmente nos astrólogos para identificar quem pudesse ter estado em contato com Hess", conta Ellic Howe. "É improvável que o 'astrólogo perdido' tenha sido encontrado, mesmo porque ele ou ela provavelmente nunca existiu".

Não foi bem assim. Apesar do sonho "presciente" de Haushofer e sua chegada (quase igualmente miraculosa) em segurança à Escócia, Hess não teve sucesso em trazer a paz entre a Alemanha e a Grã-Bretanha. Passou o resto da guerra na prisão e, mais tarde, em Nurembergue, contou ao dr. D.M. Kelley, um psiquiatra da prisão, que no final de 1940 um de seus astrólogos predissera que ele tinha a missão de trazer a paz.

Uma história bizarra mas, poder-se-ia dizer, perfeitamente comum no Reich Oculto. Houve outros dias assim.

A virada da maré da guerra em 1943 teve um efeito bem mais imediato na Itália que na Alemanha. O Duce Benito Mussolini estava apavorado, doente e desiludido. Seu regime estava ruindo e ele sabia disso. Vivia no terror de uma invasão aliada, que acreditava, com considerável razão, ser iminente. Em 7 de abril daquele ano, Hitler encontrou-o em Salzburgo para tentar injetar um puco de ferro na medula italiana. Novamente a antiga magia – ou seria o antigo mesmerismo? – teve sucesso. Goebbels escreveu em seu diário: "Quando ele [Mussolini] saiu do trem em sua chegada... parecia um velhinho alquebrado; quando partiu, estava em ótima forma, pronto para qualquer proeza".

Mas já passara o tempo em que uma operação como essa tinha mais do que um efeito passageiro. Em 19 de junho, os dois ditadores tiveram de se encontrar de novo, pois a situação da guerra piorara, e Mussolini estava vivendo no limiar do pânico. Era seu décimo-terceiro encontro e não foi nada afortunado para Hitler, que descobriu que não mais podia influenciar seu velho amigo. De fato, a condição de Mussolini era tal que havia momentos em que ele não conseguia acompanhar a conversa. Ele voltou para Roma depois do encontro e encontrou a situação política tão periclitante quanto a militar. Conseguiu, mais por sorte que por qualquer outra coisa, sobreviver à crise imediata, mas coisas piores estavam por vir.

Em 25 de julho, depois que o Grande Conselho se reuniu pela primeira vez desde 1939, ele foi chamado ao palácio real. Ali o rei Vítor Emanuel lhe disse asperamente: "Neste momento você é o homem mais odiado da Itália". Logo em seguida o homem mais odiado da Itália deixou o palácio de ambulância, a caminho da prisão.

Hitler, que reagira às notícias da reunião do Grande Conselho com algo semelhante ao espanto ("Qual a utilidade desses conselhos? O que fazem além de grasnar?"), ficou muito abalado ao saber da prisão de Mussolini. Mas recuperou-se rapidamente e logo traçava planos frios e duros para enfrentar a emergência. Julgou, com acerto, que enquanto a Itália continuasse a protestar a amizade do Eixo sob o novo regime de Badoglio, ela tentaria na primeira oportunidade disponível concluir uma paz separada com os Aliados. Hitler não confiava em nenhum italiano além do Duce. Seus planos destinavam-se a restabelecer Mussolini no poder. Depois de traçá-los, ficou à espera dos progressos.

Eles vieram em 8 de setembro. Hitler voou para a Ucrânia nesse dia, planejando permanecer ali por tanto tempo quanto fosse necessário para encorajar uma frente militar abatida. Mas seus poderes de precognição começaram a pregar-lhe peças. Eles não lhe davam informações seguras e rápidas, mas ele foi tomado, como Goebbels definiu, por "uma estranha sensação de desassossego". Ela ficou tão forte que na noite daquele mesmo dia ele voou de volta ao quartel-general da Prússia. Ali soube que a Itália assinara um armistício com os Aliados.

Os planos feitos em julho entraram em operação e, muito por falta de ação Aliada, ao que parece, a Alemanha dominou cerca de dois terços da Itália, incluindo Roma. Daí, impulsionado por uma lealdade que era uma das facetas mais intrigantes de um caráter totalmente cínico em outros aspectos, ele iniciou uma operação maciça para localizar e resgatar Mussolini. Mas o problema era achá-lo. Como a inteligência militar não pôde encontrar pistas de seu paradeiro, os nazistas voltaram a recorrer a métodos mais esotéricos.

Parte da prática mágica do Reich Oculto fora o estabelecimento, em 1942, de um Instituto do Pêndulo em Berlim. O uso do pêndulo no ocultismo deriva de um ramo pseudo-científico das artes, conhecido como "radiônica" ou "radiestesia". Este, por sua vez, é derivado da antiquíssima prática popular da adivinhação pela água. Tradicionalmente, poços e nascentes subterrâneos podem ser localizados por pessoas nascidas com o poder de adivinhação que usassem um ramo de aveleira. O ramo teria a forma de uma forquilha; o operador segura cada braço da forquilha em uma mão enquanto caminha vagarosamente pelo terreno. Quando passa sobre um ponto em que haja água, o graveto oscila em suas mãos – algumas vezes com tanta violência que se quebra. Não é só a água que pode ser encontrada dessa forma. Certos rabdomantes demonstraram sua habilidade em detectar metais e até petróleo. Um tipo incomum de instrumento de adivinhação foi usado pelas tropas americanas no Vietnã para localizar minas vietcongues, muitas das quais eram não metálicas e, consequentemente, não detectáveis por métodos mais científicos.

Os primeiros estudiosos do fenômeno sugeriram inúmeras teorias sobre vibrações e "raios" desconhecidos ao tentar explicar como a rabdomancia funcionava. Cientistas menos excêntricos com inclinação psicológica supuseram que o próprio adivinho influenciava o instrumento, inconscientemente guiado por pistas físicas no chão que percorria. Parecia razoável, tendo em vista o fato de que geólogos muitas vezes fazem suposições excelentes sobre condições subterrâneas examinando conscientemente as indicações da superfície. Mas todas essas teorias foram detonadas quando se descobriu que um bom rabdomante não precisava andar pelo terreno – ele podia encontrar água, metais ou o que quisesse segurando um instrumento de adivinhação (normalmente um pêndulo) *sobre um mapa*.

Os magos que governavam a Alemanha estavam cientes desse fenômeno. Mas erroneamente supuseram que outras pessoas compartilhavam desse conhecimento e se preparavam para fazer uso militar dele. Quando, em 1942, os britânicos começaram a destruir cada vez mais U-boats, o Capitão da Marinha Hans Roeder sugeriu que o Almirantado Britânico devia estar usando especialistas em pêndulos para localizar os submarinos. A sugestão foi aceita e Roeder foi posto na chefia do Instituto do Pêndulo onde, sob condições de enorme sigilo, clarividentes e paranormais aplicavam pêndulos sobre mapas do Atlântico para detectar a posição dos comboios britânicos. Foi a esse instituto secreto que os nazistas pediram ajuda, em 1943, para localizar o velho amigo do Führer, o antigo Duce Mussolini. Um especialista nessa arte oculta começou os trabalhos imediatamente e, de acordo com o General Schellenberg, previu que Mussolini era mantido em Maddalena, uma ilha próxima à extremidade norte da Sardenha. Era de fato onde Mussolini estava na época, embora logo depois tenha sido transferido novamente para o continente, de onde foi posteriormente resgatado pelas SS.

É relativamente mais fácil aceitar que as pessoas – até mesmo políticos – possam ser mal orientadas o bastante para praticar a magia em nossa idade moderna do que acreditar que essa magia fosse simplesmente parte de um satanismo nacional. Porém, se assumirmos o ponto de vista cristão ortodoxo, que aceita Satanás como adversário, resta pouca dúvida de que Hitler fosse um satanista. Essa conclusão não nos compromete de forma alguma em uma crença na existência real de Satanás. Também não pressupõe que Hitler necessariamente acreditava em um demônio pessoal. Mas assim como podemos deduzir seu treinamento mágico a partir de suas ações, assim também podemos deduzir o satanismo inerente desse treinamento a partir dessas mesmas ações. E se é razoável supor que apenas um mago negro se incomodaria em perseguir um ocultista branco, também é razoável supor que apenas um satanista dispenderia tanto tempo e energia perseguindo a Igreja Cristã.

Se Hitler estava consciente ou não de seu satanismo, isso ainda é uma questão em aberto. Mas quando nos lembramos de seu estudo profundo dos mistérios esotéricos e do fato de que, como veremos, ele liderou um movimento de caráter essencialmente religioso, a suspeita deve permanecer. O papa Pio XII expressou essa suspeita em 1945, quando descreveu o Nacional-Socialismo como "a arrogante apostasia de Jesus Cristo, a negação de Sua doutrina e de Seu trabalho de redenção". O próprio Hitler tinha muito pouco tempo para papas, embora, enquanto católico, tenha aprendido a considerar o papa como representante de Cristo na Terra, o principal representante sacerdotal dos poderes da luz. Em 1933, ele expressava hipocritamente a esperança de aprimorar as relações amigáveis com a Santa Sé. Dez anos depois, em uma conferência militar após a derrocada de Mussolini, ele mostrou-se sob cores mais verdadeiras: "Vou direto ao Vaticano. Vocês acham que o Vaticano é um obstáculo? Aquela ralé..."

Desde o início, ele começou um ataque organizado contra o Cristianismo na Alemanha. No ano em que chegou ao poder, a Liga da Juventude Católica foi dissolvida. As publicações católicas foram impiedosamente suprimidas. Um ano mais tarde, o chefe alemão da Ação Católica foi assassinado. Literalmente milhares de padres, freiras e líderes leigos da Igreja Católica foram capturados e presos nos anos seguintes. Um papa anterior, Pio XI, falou de "hostilidade fundamental secreta e aberta a Cristo e Sua Igreja". Os protestantes não se saíam muito melhor. Certo clérigo referiu-se ao Terceiro Reich como "anos de escuridão" – uma descrição que talvez estivesse mais próxima da verdade do que ele poderia imaginar. Como ocorrera com os padres católicos, os pastores protestantes começaram a sofrer com as atenções indesejáveis da Gestapo. Centenas foram presos – mais de oitocentos apenas em 1937. Embora formassem cerca de dois terços da população religiosa alemã, Hitler não tinha tempo para protestantes. "São uma gentinha insignificante, submissos como cães, e suam de vergonha quando você fala com eles."

Sobre a posição da religião como um todo, o secretário de Hitler, Martin Bormann, observou em 1941: "O Nacional-Socialismo e o Cristianismo são irreconciliáveis". Diante dessa atitude, os historiadores insistem em falar vagamente sobre o "novo paganismo" ou o possível ressurgimento dos antigos deuses germânicos. Certamente seria mais honesto – e bem mais próximo dos fatos – descrever o que acontecia como o surgimento de um Satanismo do século XX.

Certamente não pode haver dúvida sobre a natureza religiosa do movimento nazista, claramente declarada pelo filósofo do partido Alfred Rosenberg em seus artigos para uma Igreja Nacional do Reich. Eles incluíam uma determinação de "exterminar irrevogavelmente" as "estranhas e alienígenas" fés cristãs e exigiam a supressão da Bíblia na Alemanha. Nos altares das novas Igrejas do Reich não haveria mais que um "livro sagrado" – o *Mein Kampf* de Hitler. À esquerda de cada altar ficaria uma espada. O artigo final da Igreja Nacional do Reich diz o seguinte: "No dia de sua fundação, a cruz cristã deve ser removida de todas as igrejas, catedrais e capelas e deve ser substituída pelo único símbolo inconquistável, a suástica".

A suástica que gira em sentido anti-horário, não se deve esquecer, símbolo dos poderes da escuridão.

Capítulo 14

Jesuíta Negro

Vestfália, 1939. Treze homens perfilados no salão baronial do Castelo de Wewelsburg. Estavam vestidos igual. Todos traziam uma adaga ritual. Todos usavam um anel de sinete de prata com um curioso desenho. Solenemente tomaram seus lugares em uma imensa mesa redonda de carvalho, estranhamente reminiscente da távola redonda usada pelo semilegendário Rei Arthur. Mas ali o assento ocupado por cada homem tinha o encosto alto e forrado de couro de porco, com o nome gravado em uma placa de prata atrás. Esses homens tinham seus próprios refúgios no castelo. Os cômodos eram decorados em diferentes estilos históricos e dedicados a diversas personalidades históricas nas quais o ocupante individual deveria se inspirar.

Estando os 13 em seu lugar, começaram, sob a orientação do Grão-Mestre, a meditar...

Estou descrevendo uma reunião de uma das muitas sociedades secretas dedicadas à prática do ocultismo na Alemanha nazista. Diretamente sob a sala de jantar ficava uma cripta de pedra, com paredes de 1,5 metro de diâmetro. Heinz Hohne conta que era o "Santo dos Santos da Ordem". No centro exato do chão dessa cripta havia um poço escuro e profundo. Degraus conduziam até embaixo. No final dos degraus havia uma espécie de fonte de pedra, rodeada por 12 pedestais. Esse arranjo tinha uma proposta ritual: no caso da morte de algum membro da Ordem que não fosse o Grão-Mestre, seu brasão seria queimado na cavidade da pedra central, posto em uma urna e deixado em um dos pilares.

O castelo em que toda essa mistificação ocorria era um edifício triangular maciço, construído no século XVII no local de uma fortaleza ainda mais antiga. Tinha uma história romântica. Os saxões o haviam utilizado no tempo dos hunos. Mais tarde, tornara-se um retiro de bispos. Recebera o nome do cavaleiro ladrão Wewel von Buren, um de seus primeiros proprietários.

A sociedade secreta que o utilizava no momento não era nenhuma raspa de tacho. Era a mais elevada expressão de socialismo mágico, a nata do Reich Oculto. Cada "cavaleiro" em suas fileiras místicas e exclusivas era um Obergruppenführer (General) das SS. Seu Grão-Mestre era Heinrich Himmler.

Com a possível exceção de Hitler, Himmler era o mais estranho dentre todos os líderes nazistas. O general Heinz Guderian certa vez observou que ele parecia um homem de outro planeta. Outro observador via "algo de robô" nele. Mesmo o místico filósofo do partido, Rosenberg, nunca pôde olhá-lo nos olhos. Ainda assim, não havia nada de alienígena nele nos primeiros dias. Nasceu em uma família bávara de classe média. Seu pai era professor particular, não particularmente bem de vida, mas longe de ser pobre. Tinha dois irmãos, um mais velho e um mais novo. Sua única declaração de algo incomum em sua família é o fato de que o Príncipe Heinrich de Wittelsbach (cujo nome recebeu) era seu padrinho. A família era Católica Romana e o próprio Himmler parece ter sido particularmente devoto. Comparecia à missa regularmente e a considerava edificante.

Como a maioria dos alemães, era um patriota – embora não fosse, como mais tarde se tornaria, um fanático. Logo que teve idade suficiente (em 1917, aos 17 anos) entrou para o Exército, pois sua primeira escolha, a Marinha, o recusara porque usava óculos. Mas nunca participou de nenhuma ação como soldado. A I Guerra Mundial terminou antes que ele completasse o treinamento.

Por instruções de seu pai, ele tornou-se sitiante ao deixar o Exército, mas um surto de febre tifoide acabou com sua carreira e, em 1919, começou a estudar na Universidade de Munique. Foi também o ano em que se viram os primeiros sinais de tensão entre ele e sua Igreja. Mas não era nada sério – apenas o conflito comum por que a maior parte dos adolescentes passa entre a doutrina religiosa e a pressão social de seus pares.

Segundo uma descrição da época, ele era "afável, apagado, normal". O que teria transformado esse rapaz afável, apagado e normal em um homem de outro planeta? A resposta, em uma palavra, é Hitler.

Antes de se conhecerem Himmler era hesitante, introspectivo, angustiado pela falta de autoconfiança. Depois ficou simplesmente embriagado; não como um amante pelo objeto amado, mas como um homem que, por fim, encontra Deus. Achava que Hitler era o maior cérebro de todos os tempos. Na parede de seu escritório havia um retrato do futuro Führer. Ele costumava ter conversas murmuradas com ele.

Seria esta, como sugere a maior parte dos historiadores, apenas uma excentricidade divertida? Ou, na melhor das hipóteses, uma indicação da reverência em que tinha Hitler? Certamente pode parecer que fosse assim. Mas nossas pesquisas até agora certamente nos dizem para não ignorar nenhuma pista, por mais ridícula que seja, em um ambiente em que o totalmente fantástico tão rapidamente se tornaria a norma.

No treinamento esotérico de um paranormal, a visualização, como já comentamos, representa um papel importante. Qualquer auxílio à visualização é prontamente utilizado. Quando, séculos atrás, uma bruxa desejava, por exemplo, fazer mal a algum inimigo a distância, tradicionalmente se fazia uma boneca que representava essa pessoa. Sabia-se que quanto mais a boneca se parecesse com a pessoa verdadeira, mais poderosa seria a magia. Depois de formar a boneca, a bruxa, em um estado elevado de emoção, a "feria". O método favorito era enfiar-lhe alfinetes. Mas a verdadeira magia não ocorria nas mãos da bruxa, e sim em sua mente. A boneca era simplesmente um auxílio para sua vívida visualização do inimigo; os alfinetes eram apenas um adjutório para imaginar o inimigo ferido. Em algum momento da operação, estranhas gavinhas brotavam da mente inconsciente da bruxa e faziam contato com a mente da vítima. Esta começava a sentir (psicossomaticamente) as dores...

Vimos anteriormente o mesmo mecanismo em operação em uma escala muito maior, quando Hitler se escondeu nos últimos dias da guerra para manter suas visualizações de vitória. A mesma técnica poderia ser usada, segundo os ocultistas, para estabelecer comunicação telepática entre duas pessoas. Hitler teria ensinado essas técnicas a seu adorado Himmler: Uma fotografia é um auxílio muito mais efetivo à visualização que uma boneca.

Seja de nascença ou por treinamento, Himmler certamente era um médium. Gabava-se a seu massagista que podia evocar espíritos e conversar com eles. Não apenas podia, como o fazia. E, como todos os necromantes, acreditava receber orientação deles. Seu poder tinha, porém, uma limitação. Diferente dos espiritualistas modernos, que geralmente fazem contato com parentes próximos que morreram em um período comparativamente recente, ele podia evocar espíritos de homens que haviam morrido em um passado muito distante. Só isso já soa estranho para qualquer um que conheça um pouco de ocultismo e sugere que Himmler, como Hitler, fosse um mago treinado e não um paranormal natural. O próprio fato de dizer que *evocava* espíritos é significativo. Um médium espiritualista é passivo. Se Himmler fosse um deles, só poderia esperar que os espíritos entrassem em contato com ele.

No milésimo aniversário da morte do Rei Henrique I, Himmler viajou até seu túmulo em Quedimburgo e fez a saudação nazista sobre a sepultura durante as cerimônias de comemoração. Era um cumprimento a um velho amigo, que muitas vezes lhe oferecera conselhos valiosos. De fato chegou o dia em que ele estava convencido de ser ele próprio uma reencarnação do rei, embora nunca tenha se preocupado em explicar como um espírito poderia visitar sua própria reencarnação.

Foi esse homem que, em 1929, começou a transformar a guarda pessoal paramilitar de Hitler, as SS, em uma ordem mágica elitista.

As SS – as iniciais são a abreviatura da palavra alemã *Schutzstaffel* – nasceram quatro anos antes de Himmler chegar a seu comando. Foram formadas pelo próprio Hitler que, em abril de 1925, pediu a Julius Schreck que reunisse uma nova guarda para o quartel-general. Ele começou com apenas oito homens, mas ela cresceu. Mesmo no início já havia nela um certo elitismo – as regras declaravam que bêbados habituais, bisbilhoteiros e outros delinquentes não seriam considerados. Em 1927, as regras haviam se tornado bem mais estritas. Um destaque particular era dado ao comportamento e ao asseio. O mais leve pecado resultava em multa ou mesmo em suspensão.

Os membros compareciam a reuniões políticas apenas para doutrinamento – a discussão lhes era proibida.

Heinrich Himmler assumiu o cargo como Reichsführer-SS em janeiro de 1929. Apesar de suas excentricidades era um homem íntegro, um administrador eficiente com um sentido meticuloso de detalhe. Pouco tempo depois de chegar ao quartel-general das SS em Munique (na época não mais que um anexo do quartel-general do partido), encontrou um memorando escrito por um líder local do partido em 1923. O memorando sugere a formação de uma ordem Nacional-Socialista dentro do partido.

Era uma sugestão que calou fundo na mente de Himmler. Ele não era uma pessoa criativa. Não tinha imaginação suficiente para isso. Essa, mais do que qualquer outra coisa, é a chave para o mistério do monstro que ele se tornou. Ele podia condenar milhares e acabou por condenar milhões – de pessoas à morte em um estalar de dedos porque era incapaz de ver a realidade por trás das frias estatísticas.

Em 1941, o chefe do Instituto Anatômico da Universidade de Estrasburgo, o professor August Hirt, escreveu ao escritório de Himmler dizendo que, embora o Instituto possuísse uma grande coleção de crânios humanos representativos da maioria das raças, o número de crânios judaicos em sua possessão era limitado. Ele sugeria que a guerra no Oriente poderia remediar essa carência e propunha que "comissários judaico-bolcheviques" fossem capturados vivos em grande número. Sua cabeça deveria ser cuidadosamente mensurada (sombras da Ordem Germanen), e a morte seria "subsequentemente induzida" de modo a não danificar o crânio. Um médico – o mesmo médico, podemos supor, que fizesse as medições iniciais e "induzisse a morte" – separaria então a cabeça do corpo e a mandaria ao Instituto de Estrasburgo em uma lata de estanho hermeticamente fechada.

Qualquer pessoa com uma fagulha de imaginação teria sentido repulsa por essa sugestão lunática. Mas Himmler ficou maravilhado. Hirt conseguiu seus crânios.

Também em 1941, Himmler deu a permissão ao dr. Sigmund Rascher para outros "experimentos médicos" igualmente revoltantes. Rascher trabalhava no campo de concentração de Dachau. Suas experiências, ostensivamente para testar os efeitos de uma altitude elevada na estrutura humana, incluíam matar sujeitos em uma câmera de descompressão ou por congelamento. Mais tarde ele pesquisou diversos meios de reviver aqueles que haviam sido congelados quase até a morte. Himmler apresentou interesse pessoal por estes últimos experimentos e sugeriu duas vezes a Rascher que ele deveria pesquisar sobre o potencial de revivificação do "calor animal". Embora inicialmente cético, o lunático doutor acabou por acatar a sugestão. Daí por diante os sujeitos que haviam perdido a consciência nas agonias do frio congelante muitas vezes despertavam em uma cama com uma e, às vezes, duas mulheres nuas. Rascher mais tarde relatou friamente que o "calor animal" era menos eficaz que os banhos quentes, exceto quando ocorria intercurso sexual.

O interesse de Himmler por esse tipo de absurdo pode ter sido despertado por uma obsessão fracamente esotérica anterior à sua descoberta do arqui-mago, Hitler. Desde a infância ele fora um herbalista. Tinha uma grande coleção de plantas, que considerava muito mais eficazes que drogas ou cirurgias no tratamento de doenças. Mais tarde, os internos dos campos de concentração receberam ordens de recolher grande quantidade de ervas para fins medicinais.

Essa curiosa obsessão pseudo-médica e as experiências pseudo-médicas dos sádicos charlatães do Estado de fato se juntaram quando o médico das SS, dr. Adolf Pokorny, que via "amplas perspectivas" na ideia de que os bolcheviques deveriam ser obrigados a trabalhar para o Reich, mas impedidos de se reproduzir, escreveu a Himmler para dar as boas notícias de que descobrira um modo de fazê-lo. A planta *Caladium seguinum* produzia, segundo contava, esterilidade perpétua.

Apesar de todos os indícios objetivos do contrário, Himmler não se considerava um homem mau. Era pessoalmente incapaz de violência, era afável e gostava de animais – aquele tipo de homem que faz piadinhas para sustentar a conversa e não deixar que ela morra. Asim como não conseguia ver a realidade além das estatísticas, também ficava completamente espantado com o fato de que tantas pessoas o consideravam um monstro desumano. Esse enigma o preocupou por alguns anos, mas ele acabou por desistir de tentar resolvê-lo e se contentava em fazer pilhérias sobre sua imagem para seus próximos.

Como tinha pouca imaginação, Himmler era incapaz de criar uma ordem secreta apropriadamente estruturada sem um modelo. Felizmente ele já tinha um – a Companhia de Jesus.

Os católicos romanos ortodoxos que me leem podem ficar atônitos em descobrir que a Companhia de Jesus é o que existe de mais próximo em nosso mundo de uma ordem mágica abertamente operante e que o familiar jesuíta é o que existe de mais próximo de um mago. Mas mesmo fora do ambiente intelectual lunático do Reich Oculto parece haver uma certa verdade nessas duas afirmações. O fato de isso ter passado despercebido por tanto tempo deriva de uma ignorância generalizada do tipo de treinamento dado em uma ordem oculta da tradição ocidental. O homem, em geral, quando se preocupa com a questão, tem uma imagem do treinamento mágico que não fica muito distante da cena do caldeirão em *Macbeth*. Na verdade, como já vimos, o verdadeiro coração do treinamento mágico é a visualização sistemática, que, como acredita a maioria dos ocultistas, pode acelerar bastante a evolução individual. Essa crença, embora expressa em outras palavras, é compartilhada pelos jesuítas. Ela está incorporada nos famosos "exercícios espirituais" de Santo Inácio, que formam uma parte integral e prática do treinamento jesuíta.*

Esses "exercícios espirituais" são um programa de visualização cuidadosamente escalonado que inclui determinadas cenas arquetípicas feitas para trazer o praticante para mais perto do Cristo Interior. "O Reino de Deus", disse Jesus a seus discípulos, "está dentro de vós". E os jesuítas estão entre os pouquíssimos clérigos ortodoxos que de fato tentam fazer contato com ele. O conteúdo das visualizações jesuítas difere radicalmente dos exercícios usados em muitas das escolas de ocultismo, mas há uma similaridade inegável entre as técnicas.

O general das SS, Walter Schellenberg, afirmou diretamente que Himmler baseara as SS nos princípios da Ordem de Jesus, embora na superfície o que o atraísse fosse o faro jesuíta para a organização e sua tradição de absoluta obediência.

Heinz Hohne, em sua erudita história das SS, disse o seguinte sobre o assunto:

> A semelhança entre as duas era de fato espantosa; ambas eram Ordens que conferiam enormes privilégios a seus membros, não sujeitas a jurisdições temporais, protegidas pelas mais estritas condições de ingresso e mantidas por um juramento de absoluta obediência cega a seu senhor e mestre – Papa ou Führer.
>
> A história das duas organizações mostrava igualmente paralelos notáveis; no século XVII, os jesuítas fundaram seu próprio Estado entre os índios paraguaios – ele não reconhecia soberano temporal; durante a II Guerra Mundial,

---

* N.E.: Sugerimos a leitura de *Os Exercícios Espirituais de Inácio de Loyola*, de Inácio de Loyola, e *Instruções Secretas dos Jesuítas*, de Charles Sauvestre, ambos da Madras Editora.

as SS sonhavam com um estado SS exterior às fronteiras do Grande Reich Alemão – o Estado SS da Borgonha, com seu próprio Governo, Exército, Administração e Legação em Berlim.

Mesmo as crises enfrentadas por ambas foram semelhantes. Sempre houve inimigos dos jesuítas dentro da Igreja Católica e inimigos das SS dentro do Partido. Os jesuítas debatiam se eles deveriam ser a espada da Contrarreforma ou um exemplo de piedade monástica; as SS nunca puderam decidir se deveriam ser o fermento ideológico do Nacional-Socialismo ou a polícia do regime.

Como Hohne indica em outro trecho, havia também semelhanças na estrutura física. Loyola, por exemplo, organizou sua Ordem com um tipo de general à frente, aconselhado por quatro assistentes. Himmler seguiu essencialmente o mesmo plano para as SS, embora os assistentes tenham sido substituídos por departamentos.

Essas semelhanças não passaram despercebidas. Hitler se referia a Himmler como "meu Inácio de Loyola". Karl Ernst, líder por algum tempo da rival SA, ou *Sturmabteilung*, era menos lisonjeiro, embora mais expressivo. Para Himmler, cunhou o título de "Jesuíta Negro".

Capítulo 15

A Ordem da Caveira

Em uma daquelas fascinantes informações sincronísticas que eles são tão bons em descobrir, os escritores franceses Pauwels e Bergier falam a respeito da primeira história ficcional a ser publicada sob o título As SS. *Foi composta por um escritor inglês, M.P.Shiel, e descrevia, com naturalidade, como esse bando criminal corria furiosamente pela Europa, arrasava famílias inteiras em nome do progresso humano e incinerava os cadáveres.*

A história foi publicada em 1896.

Nem a história nem a data de sua publicação é mais fantástica que a realidade. As SS de Himmler, a Ordem da Caveira, eram inacreditáveis sob todos os padrões. Mesmo assim existiram.

Sob Himmler, as restrições para o ingresso nas SS se tornaram consideravelmente mais severas do que haviam sido no tempo de Schreck. Ele tinha um sonho: os iniciados de sua nova ordem deviam ser os maiores exemplos da raça superior, sinais visíveis, poder-se-ia sugerir, da ligação entre as *Schutzstaffel* e os super-homens das cavernas subterrâneas de Lytton ou das montanhas tibetanas de Blavatsky. Ele pediu ao professor Bruno Schultz uma lista dos requisitos. O professor – na época um *Hauptsturmführer*, ou capitão, das SS – preparou essa lista, mais tarde modificada pelo próprio Himmler. Um curioso quadro começava a surgir.

Idealmente (e, na verdade, dentro de poucos anos) todos os postos nazistas deveriam ser preenchidos por homens com a aparência loira do puro sangue nórdico. Em um máximo de 120 anos toda a Alemanha pertenceria a esse tipo. Entre outras coisas, as SS seriam o modelo desse ideal. Schultz listava cinco agrupamentos raciais principais. Primeiro vinha o ideal nórdico puro; em seguida, o "predominantemente nórdico"; depois o nórdico com "características ligeiramente alpinas, dinárias ou mediterrâneas"; e nas últimas duas categorias vinha o resto: europeus não nórdicos e, a mais baixa de todas, tipos não nórdicos de fora da Europa. Para fins práticos, o professor recomendava que apenas candidatos dos três primeiros grupos fossem considerados para ingresso nas SS. Himmler aceitou, mas acrescentou que os homens deveriam ser altos e bem proporcionados. Na prática, é claro, haviam exceções – especialmente nos escalões superiores. Mas para Himmler o mais importante era ter esse início. Apesar do prazo autoimposto de 120 anos, ele não deve ter sentido nenhuma pressão quanto ao tempo: sua mente, como a dos outros líderes nazistas, estava condicionada pelos vastos panoramas da história esotérica.

Quando um candidato era aceito, surgia outro paralelo com os jesuítas. Um homem não podia dizer que era da SS logo depois de ingressar, como se fosse um soldado que entrasse para o exército. Em vez disso, como o jesuíta em treinamento, o neófito tinha de enfrentar um longo período de treino e testes antes de fazer o juramento definitivo. Parte de seu treino consistia no significado místico das runas.

O ocultismo rúnico, como já foi dito, era a especialidade do peculiar Guido von List, aquele senhor de barbas brancas que enterrava garrafas de vinho. Ele atraiu também a atenção do dr. Bernhardt Koerner, um antigo chefe da Ordem Germanen cujas práticas de mensuração de crânios, como já vimos, Himmler adotaria. O primeiro chanceler da ordem, Hermann Pohl, construiu anéis rúnicos de bronze e os membros os compravam como talismãs de proteção. Os símbolos remontam à primitiva Alemanha, quando eram usados para adivinhação. Nos séculos que se seguiram suas associações mágicas haviam se tornado tão exageradas que, na década de 1930, um ocultista de Dresden, Siegfried Adolf Kummer, desenvolveu uma forma de Hatha Ioga em que cada postura se baseava na forma de uma runa. Os alunos eram aconselhados a entoar enquanto realizavam os exercícios. No dia 13 de cada mês, Kummer realizava uma breve cerimônia rúnica para canalizar poder a seus seguidores.

Os adeptos da Ordem Germanen assinavam o nome com símbolos rúnicos. Himmler deu um passo além: adotou o *sig* ou a runa "S", que se parece com dois pequenos raios, como emblema especial de sua Ordem.

Em breve encontraremos outro pequeno vínculo entre as SS, von List e a tradição oculta.

Depois de seu treinamento básico, o neófito das SS finalmente fazia um juramento de lealdade durante uma cerimônia realizada no aniversário de Hitler. Um simpatizante descreveu a cena: "Esplêndidos jovens, de rosto sério, exemplos de conduta e asseio. Uma elite. Lágrimas me vieram aos olhos quando, à luz das tochas, milhares de vozes repetiram o juramento em coro. Era como uma oração..." A "oração" dizia o seguinte: "Juro a ti, Adolf Hitler, Führer e Chanceler do Reich Alemão, lealdade e bravura. Devoto a ti e aos superiores por ti indicados obediência até a morte, assim queira Deus". Mais tarde eles fariam outro juramento, desta vez de acordo com a mística de sangue e solo de Himmler. Este os comprometia a não se casar a menos que os critérios de raça e linhagem saudável fossem preenchidos. Seus superiores seriam os juízes.

O uniforme das SS era, delicadamente falando, lúgubre. Uma túnica negra era usada sobre uma camisa marrom com botões e gravata negros. Calções negros eram enfiados em coturnos negros de cano alto. Um cinturão e um quepe negros com correia e uma caveira prateada completavam o sinistro quadro. Os iniciados que maculavam o uniforme eram rapidamente forçados a obedecer. A pior forma de crime nas SS era o homossexualismo. A partir de 1937, a pena imposta por Himmler para essa transgressão era a morte, embora essa sentença fosse imposta de maneira indireta. O SS homossexual era primeiro expulso da Ordem e entregue à corte civil para ser julgado e condenado. A sentença normalmente era de prisão. Mas logo que a prisão terminasse, o infeliz transgressor era levado, por ordem expressa de Himmler, a um campo de concentração. Ali – também por ordem de Himmler – seria abatido "ao tentar fugir".

Aqui há um novo paralelo entre a atitude de Himmler para com o homossexualismo (não esqueçamos que se tratava de um homem preparado para autorizar experiências que envolviam congelar homens até a morte) e a atitude de certos grupos ocultos. Embora hoje em dia ninguém sugira que um homossexual deva ser abatido enquanto tenta fugir, diversas lojas esotéricas se recusarão a dar-lhe treinamento. A atitude, até onde posso entender, parece ser de que a homossexualismo, embora não seja condenado, é um sinal exterior de distorção espiritual. Os "poderes" invocados durante o treinamento mágico encontrariam essa distorção e poderiam tornar-se, por assim dizer, torcidos, com resultados desastrosos para o indivíduo e até mesmo para a loja.

Se esse paralelo representa ou não o verdadeiro raciocínio por trás das atitudes das SS, não há dúvida de que sob Himmler a organização ficava cada vez mais oculta. Segundo Hohne: "Um véu de segredo desceu sobre as atividades da SS. Ninguém, nem mesmo um membro do Partido ou um homem das SA, tinha permissão de saber o que as SS estava fazendo: a Ordem de Himmler começou a se recolher em uma penumbra de mistério."

Essa penumbra escurecia cada vez mais. Os homens das SS eram proibidos de conversar uns com os outros, exceto no que fosse necessário para o cumprimento de seus deveres. Quando criticados em reuniões, eles simplesmente se levantavam e saíam. A ideia, como observou o ministro do Reich, Schwerin von Krozigk, era "cultivar um certo caráter". Podemos supor, com base nos indícios, que Himmler tinha como objetivo um caráter mágico, embora o verdadeiro resultado tenha sido bastante diferente. O capitão das SS, Josef Kramer, descreveu em Nurembergue como pôs oitenta internos de Auschwitz na câmara de gás e lhe perguntaram quais eram seus sentimentos na época. "Eu não tinha sentimentos", respondeu. "Aquele... era o modo como eu fora treinado."

A Aurora Dourada, a Estrela de Prata de Crowley e diversas outras ordens esotéricas eram divididas em ordens exteriores e interiores. Ou seja, quando um candidato ingressava, descobria que havia um templo dentro do templo e uma outra ponte secreta a atravessar. Himmler introduziu essencialmente a mesma coisa nas SS. Os sinais externos de dignidade dentro da Ordem eram o anel e a adaga. O anel – um sinete com uma caveira – era o menor dos dois. Originalmente tinha o fito de indicar os membros mais antigos da Ordem, mas, posteriormente, sua concessão foi estendida até que, no momento em que a guerra irrompeu, os oficiais veteranos com mais de três anos de serviço o recebiam quase automaticamente. A adaga, por outro lado, não podia ser entregue a ninguém que não fosse pelo menos segundo-tenente; e na verdade não era dada a ninguém que Himmler não considerasse como pertencente à elite de sua Ordem.

Já conhecemos o círculo interior. Era a elite da elite, os 12 místicos que se reuniam no Castelo de Wewelsburgo. Himmler parecia considerar esse grupo um sucesso, pois há indicações de que desejava estabelecer outros centros como Wewelsburgo. "É meu objetivo que, se possível, a área de todo *Standarte* [regimento] inclua um centro cultural semelhante de grandeza e história germânicas, que será restaurado e posto em condição digna de um povo culto". Com suas doutrinas rúnicas, seus círculos interiores, seus festivais rituais e seu Grão-Mestre Jesuíta Negro, as SS eram uma ordem mágica em todos os sentidos. Tinham seu próprio calendário e, embora muitas datas de observância especial não fossem mais que celebrações de feitos políticos nazistas (como 30 de janeiro, o dia em que o partido chegou ao poder), uma delas tinha relevância particular.

Himmler ordenou que o principal festival das SS fosse no meio do verão. Ao fazê-lo, ele revivia uma das mais antigas celebrações mágicas, um dos quatro festivais solares celebrados pelos ocultistas até hoje: o solstício de verão.

O antigo livreiro e depois Standartenführer das SS, Wolfram Sievers, era um personagem de barba negra com aparência distintamente mefistofélica. Assim como algumas pessoas acabam por se parecer com suas mascotes, outras acabam por se parecer com seus interesses. Assim como Von List, que enterrou garrafas de vinho formando uma suástica para assinalar o solstício de verão, parecia-se com um ocultista, Sievers estava seguindo o mesmo caminho. Certamente, como secretário executivo do *Ahnenerbe*, seu interesse residia no ocultismo. O *Ahnenerbe*, ostensivamente um Instituto para Pesquisas sobre Hereditariedade, era, de acordo com Shirer, "uma das ridículas organizações culturais estabelecidas por Himmler para realizar suas muitas demências". Ele não diz qual seria a profundidade dessas demências. Mas mesmo o palpite mais extravagante dificilmente chegaria perto da verdade.

No início de 1939, o *Ahnenerbe* foi absorvido pelas SS – ao menos para todos os fins práticos. Tinha cinquenta ramos de pesquisa. Ao menos um deles, na pessoa de Sievers, estava envolvido no "processamento" de crânios humanos para o monstruoso professor Hirt.

"O que significava 'processamento'?", perguntou o magistrado em Nurembergue.

"Medições antropológicas".

"Antes de serem assassinados eles eram medidos antropologicamente? Isso era tudo, não era?"

"E se faziam moldes".

Era tudo um fraco eco da medição de candidatos da secreta Ordem Germanen, mas o mesmo tipo de pensamento mágico residia por trás de ambas.

Outros ramos do *Ahnenerbe*, embora menos horrendos, eram ainda mais dementes. Pauwels e Bergier afirmam que estudavam "a força da confraternidade rosacruciana; o simbolismo da supressão da harpa irlandesa no Ulster; o significado oculto das torres góticas e a cartola etoniana..." Quando, durante a guerra, os bombardeios alemães não conseguiram arrasar Oxford, as SS iniciaram imediatamente uma investigação vital sobre as propriedades mágicas dos sinos da catedral daquela cidade, que obviamente haviam sido a fonte de proteção mística contra a Luftwaffe!

Himmler, que certa vez escreveu em seu diário: "Aconteça o que acontecer, eu sempre amarei a Deus... e... permanecerei fiel à Igreja Católica", tornou-se, como chefe da Ordem da Caveira, tão anticristão quanto seu satânico senhor. Ele travou uma guerra incansável contra a Igreja. Para os homens das SS era proibido ter um padre no leito de morte ou em um batismo. Quando se casavam, a cerimônia era realizada por seu comandante. Ele próprio não pôde ascender além de um certo nível nas SS enquanto continuou a ser membro comungante da Igreja. Mesmo o festival mágico do solstício de verão não fora criado arbitrariamente. Himmler o estabeleceu contra as tradicionais celebrações de Natal que eram malvistas pelo pessoal das SS. "São as esposas", ele concluiu. "Quando o mito da Igreja é tirado delas, elas querem alguma outra coisa para substituí-lo e alegrar o coração dos filhos."

Quando o Reich estava em queda, Himmler foi afastado do cargo em 6 de maio de 1945. Vagou sem rumo por duas semanas e decidiu partir para sua Baviera natal. Para isso precisaria atravessar linhas Aliadas. Disfarçou-se com um tapa-olhos negro e uniforme de recruta, raspou o bigode e partiu a pé. Foi parado por uma patrulha britânica entre Hamburgo e Bremerhaven. Não foi reconhecido e deve ter sido um choque considerável para o capitão que o interrogou tê-lo ouvido confessar sua identidade. Foi levado a Lüneburg onde, apesar das precauções, seguiu o costume estabelecido para as SS – talvez copiado da sociedade secreta de iniciados japoneses de Haushofer – de cometer suicídio.

Por que queria chegar à Baviera? Muito provavelmente, como ocorre quando um homem está cansado e combalido, simplesmente queria ir pra casa. Mas talvez desejasse comparecer a um compromisso importante. O milésimo aniversário da morte da "encarnação anterior" de Himmler, o rei Heinrich I, fora em 2 de julho de 1936. No mesmo dia de 1937, Himmler fez com que os ossos fossem levados em solene procissão para seu antigo local de repouso na Catedral de Quedlinburgo. E na meia-noite de cada aniversário subsequente ele estava na fria e silenciosa cripta, absorto em mística comunicação com o antigo rei saxão.

Capítulo 16

Astrólogos e Videntes

Salon de Craux, 1550. Em um afastado quarto dos fundos de uma casa desta cidade francesa, um médico e astrólogo (naquele tempo as duas coisas vinham junto) iniciou pela primeira vez uma curiosa cerimônia mágica. Michel de Nostredame, que entraria para a história com a versão latina de seu nome, Nostradamus, era um homem baixo e barbudo com uma testa ampla e olhos cinzentos. Ao menos em uma ocasião ele demonstrou um comportamento fracamente fanático – o que não é de surpreender, já que as fontes históricas indicam que estava em um entusiasmo febril pelas várias semanas que antecederam a operação.

Como a maior parte dos magos até hoje, Nostradamus acreditava em uma região espiritual, uma dimensão extraterrena próxima da nossa, mas povoada por suas próprias entidades. Também acreditava que em algum lugar do ermo norte havia regiões em que os dois mundos se sobrepunham e os seres de um podiam se encontrar e comunicar com os seres do outro. Mas não importava que ninguém nunca tivesse encontrado a localização exata da sobreposição, já que existiam técnicas mágicas antiquíssimas que permitiam o estabelecimento da comunicação em praticamente qualquer lugar. Nostradamus estava prestes a usar uma dessas técnicas em sua casa, em Salon de Craux.

Ele tinha uma varinha de adivinhação especial, feita de loureiro. Diante dele, no meio do cômodo, estava um braseiro e, sobre ele, uma vasilha cheia de água. Os detalhes da cerimônia não chegaram até nós, embora pareça bastante provável que ele tenha usado um dos cansativos rituais judaico-cristãos preservados nos *grimórios* de sua época e que agora estão em museus. Sabemos, porém, que no auge de sua evocação ele bateu no braseiro com sua varinha e, em seguida, mergulhou a barra de seu manto e depois um dos pés na água. Nesse momento, a forma de um espírito surgiu no vapor sobre a tigela – ou, como diríamos atualmente, Nostradamus, que devia estar ligeiramente intoxicado pela fumaça do braseiro, projetou uma personificação de seu próprio inconsciente no vapor inconstante.

Existe ainda a possibilidade de que, no clímax de sua operação, Nostradamus tenha entrado em transe. Sabemos que ele teve uma convulsão violenta e seu corpo sacudiu-se sob o impacto da experiência.

Pareceu-lhe que o espírito ditava um verso de quatro linhas e ele escreveu-o cuidadosamente. Foi o primeiro de um milhar que ele anotaria. Eles lhe trouxeram a fama não apenas em sua época, mas nos séculos que se seguiriam.

Nostradamus nasceu em Saint-Rémy, uma cidade da Provença, em 14 de dezembro de 1503. Seu pai era um notário, sua mãe pertencia a uma conhecida família de médicos. Há sugestões de que a linha masculina fosse judaica, sendo que os historiadores mais românticos dizem que a linhagem original vinha de uma das "tribos perdidas". A primeira educação do jovem Michel foi dada por seu bisavô, que fez nascer nele o interesse pela Astrologia. Mais tarde ele estudou em Avignon e, depois, na Universidade de Montpellier, que tinha a escola de

Medicina mais famosa da França. Quando tinha 22 anos, a peste começou a grassar em Montpellier e ele se mudou, primeiro para Narbonne, depois para Toulouse e, finalmente, para Bourdeaux. Começou a praticar de fato a medicina nessas cidades, embora apenas quatro anos depois tenha voltado a Montpellier para terminar sua graduação.

Estabeleceu-se por algum tempo em Agen, mas saiu de lá depois da morte de sua esposa. Parece que nessa época já tinha uma reputação considerável como médico, pois o Parlamento de Provença o convidou a fazer seu novo lar em Aix e decidiu pagar-lhe um salário. A peste varreu a cidade em 1546. As chances de cura eram tão remotas que as mulheres modestas de Aix começaram a costurar-se em suas mortalhas ao primeiro sinal de infecção, para que seus corpos não fossem expostos nus após a morte. Mas Nostradamus conseguiu desenvolver uma cura, e uma cidade agradecida dedicou-lhe uma confortável pensão por muitos anos depois do fim da peste.

De Aix ele foi a Salon de Craux (no meio do caminho entre Avignon e Marselha). Casou-se novamente, teve filhos e iniciou as operações mágicas que levaram à longa série de versos que mais tarde reuniu e publicou sob os títulos de *Centúrias* e *Presságios*. Os versos eram proféticos, delineando uma grande extensão da história futura até o final do mundo em (como interpretam alguns estudiosos de Nostradamus) 1999.

Foram esses versos que estabeleceram Nostradamus por algum tempo como vidente oficial do Terceiro Reich.

"Aí está você dizendo novamente que este Ano-Novo será horrível. Você se juntou aos astrólogos e se convenceu de que Marte está no ascendente e que por isso haverá horror em cima de horror?" As palavras foram escritas por Marga Himmler a seu pessimista marido Himmler. Elas são uma curiosa forma de certeza. O que um político nazista em evidência saberia sobre

Astrologia? Por que, na verdade, qualquer dos líderes nazistas se importaria com isso?

De acordo com Alan Bullock, o Führer ao menos a rejeitava: "Também não há indícios que substanciem a crença, outrora popular, de que [Hitler] recorria à Astrologia. Seu secretário diz categoricamente que ele só sentia desprezo por essas práticas, embora a fé nas estrelas certamente fosse comum entre alguns de seus seguidores, como Himmler." Mas, como Trevor-Roper descobriu ao investigar os últimos dias de Hitler, o testemunho humano sem provas não vale nada quando se trata de estabelecer a verdade histórica. Talvez o secretário Bormann, que odiava astrólogos e ocultistas (que considerava politicamente indignos de confiança) tenha permitido que o preconceito ofuscasse a exatidão.

O próprio Hitler certa vez insistiu: "Quero especialmente que nosso movimento adquira um caráter religioso e institua uma forma de adoração. Seria pavoroso se eu acabasse na pele de um Buda." Já vimos quanto disparate contêm essas duas curtas frases. Além do próprio talento precognitivo de Hitler, a predição – incluindo a Astrologia – operava em dois níveis na Alemanha nazista, sendo o quadro geral embaralhado pela perseguição periódica aos próprios astrólogos. Um desses níveis era a predição como propaganda, uma ideia interessante que elevou o antiquíssimo Nostradamus ao escalão de profeta oficial do Reich. O outro era a predição como predição, um guia oculto à ação dos membros do Partido Nazista. Os dois se sobrepunham de vez em quando.

Havia diversas publicações astrológicas, tanto populares quanto técnicas, em circulação na Alemanha nas décadas de 1920 e 1930. Também havia duas importantes associações astrológicas, a Sociedade Astrológica da Alemanha, com quartel-general em Leipzig, e o Escritório Astrológico Central, que operava em Düsseldorf. Conforme Hitler se destacava na vida pública, atraía cada vez mais a atenção dos astrólogos. Ele era uma "personalidade", e seu futuro tinha considerável interesse público. Muitas predições foram feitas, quase todas notáveis apenas por sua inexatidão. Mas as coisas mudaram drasticamente quando ele chegou ao poder em 1933. Uma busca nos arquivos revela poucas referências astrológicas ao Führer, em 1933, e nenhuma depois do início de 1934. Como observa acertadamente Ellic Howe, a especulação pública desse tipo se tornara demasiado perigosa.

Não era preciso estudar as estrelas para prever que havia problemas no horizonte, e muitos astrólogos importantes, entre eles os líderes de duas grandes associações, começaram a se filiar ao Partido Nazista para garantir sua segurança pessoal. Uma revista astrológica mensal começou a "provar" tortuosamente as origens nórdicas da Astrologia. Uma outra, com menos coragem ou possivelmente apenas menos engenhosidade, se fundiu com uma revista de Quiromancia, *Die Chiromantie*, editada por Ernst Issberner-Haldane, membro da Ordem dos Novos Templários de Lanz.

Mas nenhuma das precauções tomadas pelos astrólogos foi eficaz. No final de 1933, os jornais de Berlim, Colônia e Hanover haviam sido instruídos a recusar qualquer anúncio astrológico. E os astrólogos sofreram mais do que todos no expurgo de ocultismo de 1934, descrito no capítulo 13. No momento em que a guerra irrompeu, a Astrologia só funcionava em segredo na Alemanha e suas principais publicações técnicas não existiam mais.

Foi esse contexto que ajudou a convencer os historiadores ortodoxos de que o partido nazista tinha pouco tempo para a predição em geral e a Astrologia em particular. Mas nada poderia estar mais longe da verdade.

Em 2 de novembro de 1939, um astrólogo suíço chamado Karl Ernst Krafft, que na época vivia no sul da Alemanha, escreveu para um amigo no gabinete de Himmler avisando-o de que cálculos astrológicos mostravam que a vida de Hitler estaria em perigo entre 7 e 10 de novembro. Por alguma razão, a carta foi simplesmente arquivada. Mas quando a bomba de Elser explodiu na cervejaria de Munique, em 9 de novembro, Krafft foi imediatamente preso e levado a Berlim para ser interrogado. Ele não foi o único ocultista a visitar o quartel-general de Himmler na época.

No capítulo 1 sugeri que, ao contrário do que pensava a maioria dos historiadores, a Conspiração Elser não foi arquitetada por Himmler. Havia uma pequena prova que eu não quis apresentar no momento, já que achei que pareceria demasiado inacreditável aos leitores que não estivessem familiarizados com a mentalidade bizarra por trás do Reich Oculto.

Entre o momento da explosão e a eventual prisão de Elser, Himmler estava tão desesperado para encontrar o culpado que mandou chamar um médium sonâmbulo de Viena que, esperava, continuaria as buscas com recursos ocultos. Na época da visita involuntária de Krafft a Berlim, o chefe da propaganda nazista, Josef Goebbels estava brincando com a possibilidade de que os enigmáticos oráculos de Nostradamus, já bastante conhecidos na Alemanha, pudessem ser interpretados de forma a impulsionar os objetivos de Hitler. Mesmo excetuando-se sua astrologia, Krafft por muito tempo estudara as profecias de Nostradamus. Consequentemente, tornou-se funcionário do Ministério da Propaganda e, desde o começo de 1940, produziu interpretações dos versos obscuros com a intenção de indicar uma inevitável vitória alemã. Curiosamente, vários dos oráculos parecem de fato referir-se a Hitler, embora antes de seu advento se pensasse que diziam respeito a Napoleão. Um deles diz:

> Do mais profundo Ocidente da Europa,
> De pobres pais uma criança nascerá
> Que por sua língua seduzirá grande tropa
> Seu rumor ao reino do Oriente se estenderá.

Não são necessárias torções para ver Hitler nesse retrato, desde seus dias de pobreza em Munique e Viena até seu período de poder, produzidos, como predisse Nostradamus, pelo encanto quase mágico de sua oratória. E esse rumor de fato se estendeu aos reinos do Oriente – ao menos até Stalingrado.

Nostradamus escreveu ainda:
Um Imperador nascerá junto à Itália
Que ao Império será vendido bem caro:
Dirão dos homens com que se alia
Que será menos príncipe que carniceiro.

E assim foi com esse austríaco nascido perto da Itália, pois apesar de seus pavoneios principescos, entrou para a história como um carniceiro.

De simples soldado chegará ao império
De manto curto chegará ao longo
Hábil nas armas, pior para a Igreja
Perturba os sacerdotes como a água entra na esponja.

Hitler subiu da posição de cabo na Primeira Guerra para outra praticamente equivalente à de imperador. Já tratamos de sua atitude para com a Igreja e sua perseguição uniforme ao clero de todas as denominações.

O país terá feito má eleição,
Uma carga maior do que sua força pode suportar
Tão grande furor e raiva farão dizer
Que com fogo e ferro toda a humanidade exterminará.

Novamente essa visão fica surpreendentemente próxima da situação na Alemanha Nazista. Hitler era uma má escolha para a Alemanha. Mesmo o grande potencial industrial da pátria não poderia suportar para sempre a máquina militar que ele criara. Suas características dominantes eram a fúria e a raiva; e nos últimos dias ele estava perfeitamente preparado para tentar exterminar a humanidade com fogo e ferro. "O poder mundial ou a ruína" era a filosofia resumida do Nazismo e, quando o primeiro foi negado, os líderes do partido aceitaram o segundo de braços abertos.

> Como um grifo virá o rei da Europa,
> Acompanhado por aqueles do Norte
> De vermelhos e brancos conduzirá grande tropel
> E eles irão contra o rei da Babilônia.

Mesmo hoje não existe explicação real para a ascensão de Hitler. Ele apareceu, como sugere a estrofe, como um tipo de animal fabuloso. Suas bandeiras eram branca e vermelha. As outras linhas parecem referir-se à ideia nazista de raça nórdica e à perseguição dos judeus. Outra referência ao antissemitismo nazista também pode estar nas linhas:

> O louro trocará golpes com o nariz recurvo
> E o expulsará...

Mas se Krafft – ou antes seus chefes no Ministério da Propaganda – achou adequado interpretar Nostradamus como sugestões de una vitória final nazista, nós, com a sabedoria da percepção posterior, conhecemos os resultados.

O exercício de propaganda profética não deu particularmente certo, e o trabalho de Krafft para o ministério durou apenas alguns meses, embora o livro que lançou em seguida sobre as profecias de Nostradamus tenha sido amplamente distribuído com as bênçãos oficiais.

Himmler foi apresentado ao astrólogo Wilhelm Wulff em 1943 e buscou seu conselho de forma contínua até 1945. Ele não era o único a buscar conforto nas estrelas naquele momento crucial. Apesar das afirmações dos historiadores de que Hitler não tinha tempo para a Astrologia e Goebbels era completamente cínico a respeito dessas coisas, uma situação muito estranha ocorreu no bunker sitiado nos primeiros dias de abril de 1945. Goebbels estava lendo em voz alta para Hitler trechos da *História de Frederico, o Grande*, de Carlyle. O capítulo escolhido descrevia o desespero do rei no momento mais negro de sua carreira e depois descrevia o ponto decisivo, o "milagre da Casa de Brandemburgo", quando a Czarina morreu. Hitler ficou muito comovido com essa história e pediu o horóscopo do Führer e o horóscopo da República, que datava de 9 de setembro de 1918. Juntos eles examinaram os dois mapas e chegaram a diversas conclusões interessantes. Ambos prediziam a guerra em 1939, vitórias até 1941 e uma série de derrotas que ficariam cada vez mais sérias até que um segundo ponto crítico traria uma enorme vitória na segunda metade de abril de 1945. A paz estava prevista para agosto, seguida por um período difícil para a Alemanha, que culminaria na supremacia alemã em 1948.

Obviamente, não houve vitória na segunda metade de abril, mas, ao recontar a história, os historiadores ortodoxos, sem exceção, deixaram passar uma pista que sugere que esse não foi um momento isolado de interesse de Hitler e Goebbels pela Astrologia. A pista é simplesmente que o Führer e o Ministro da Propaganda compararam eles próprios os dois horóscopos. A comparação de mapas (por mais inexato que seja o resultado!) não é coisa fácil – e é quase impossível sem um longo treinamento em Astrologia.

Um interessante fato relacionado é que, quando a notícia da morte de Roosevelt chegou a Goebbels no dia 13 de abril ele imediatamente concluiu que o destino produzira outro "milagre de Brandemburgo". Telefonou a Hitler, lembrou-o de que as estrelas haviam predito uma virada no meio de abril e anunciou que o momento da virada chegara. Quando ouviu o que acontecera, Hitler concordou sinceramente com essa interpretação. "Para nós, parece incrível", escreve Trevor-Roper em seu livro *Last Days of Hitler*, "que nesses últimos dias do Terceiro Reich seus líderes pudessem pensar que as estrelas... tinham o poder de salvá-los."

Ironicamente, Hitler, Goebbels ou qualquer outro líder nazista poderiam ter tido uma ideia bem mais clara de seu destino consultando os oráculos de Nostradamus que tantas vezes tinham distorcido para fins de propaganda. Em um deles lemos:

O trovão atingirá seu estandarte
Ele morrerá com orgulhosas palavras, grande é a execução
A pedra está na árvore, a orgulhosa nação se rende
O monstro purga sua forma humana por expiação.

"Grande é a execução..." Hitler defendia uma política de terra seca quando decidiu que a guerra estava perdida. Trezentos mil alemães perderam a vida quando o subterrâneo de Berlim foi inundado por sua ordem. Cidades e fábricas inteiras foram arrasadas. Mas para Albert Speer, que secretamente trabalhava para desfazer essas ordens lunáticas, a "execução" teria sido devastadora. Hitler ter morrido "com orgulhosas palavras" é evidente para quem quiser ler seu testamento político definitivo, cheio de ódio. Mas é questionável o fato de seu suicídio ter de fato purificado seus muitos crimes.

Uma referência ainda mais clara às suas últimas horas se encontra em outro oráculo de Nostradamus:

Um pouco antes terá mulher desposado
A divina ira cairá sobre o grande Príncipe...

Hitler casou-se com Eva Braun pouco tempo antes de ela se unir a ele no suicídio.

Mesmo a queda final do Reich Oculto, que tinha uma águia em seu estandarte, fora prevista por aquele estranho mago barbado no quarto dos fundos de uma cidade na França quatrocentos anos antes...

A águia, empurrada em sua nuvem de pavilhões,
Por outros pássaros em volta será expulsa
Até que o som das trombetas e os clarins da guerra
Devolvam os sentidos à insensata dama...

Capítulo 17

Oposição Esotérica

Uma história apócrifa conta que Winston Churchill escreveu, no início do outono de 1940, uma requisição que dizia: "ASTRÓLOGO, um, Gabinete de Guerra, para uso de". Tenha ou não existido essa requisição, o astrólogo era de verdade. Tratava-se de um expatriado húngaro chamado Louis de Wohl e entrou para a Inteligência Britânica por volta de setembro de 1940. Gordinho e fumante como o próprio Churchill, de Wohl não durou muito no Serviço Secreto, embora posteriormente tenha trabalhado em propaganda profética como seu colega opositor alemão, Krafft. O modo como ele entrou para a Inteligência Britânica é uma das singularidades mais fascinantes da guerra.

Por ordem de Himmler, em fevereiro de 1940, Krafft escreveu para o ministro romeno em Londres, Virgil Tilea, tentando influenciá-lo favoravelmente à causa nazista. Tilea, porém, era violentamente antinazista. Mais exatamente, conhecia pessoalmente a história e a profissão de Krafft. Como a carta indicava que Krafft estava em Berlim no momento, Tilea concluiu que ele devia estar dando conselhos a Hitler. Concebeu então uma ideia engenhosa, que repassou às autoridades britânicas. Não seria, sugeriu, útil aos Aliados saber que tipo de conselho Hitler estava recebendo? Não seria de bom alvitre aos britânicos empregar seu próprio astrólogo, com a tarefa de determinar que tipo de probabilidade astrológica Krafft estaria exibindo ao Führer?

A Inteligência Britânica concordou e de Wohl foi contratado. Mas ele não era a única oposição esotérica aos nazistas. No final de maio de 1940, a Alemanha nazista, parecia óbvio, vencera a guerra. A visão posterior tira o impacto da surpresa, mas os sucessos militares do Reich até aquele momento eram quase miraculosos.

Na cinzenta alvorada de 1º de setembro de 1939, os exércitos alemães haviam entrado na Polônia e criado a centelha que finalmente inflamou a Segunda Guerra Mundial. Dezoito dias depois, não havia mais Polônia. O exército polonês fora aniquilado, o governo polonês derrubado – seus membros haviam fugido do solo polonês. Varsóvia resistiu um pouco mais, mas a vitória militar da Alemanha era total em menos de três semanas.

Hitler, aparentemente, esperava que os Aliados fizessem a paz quando a Polônia caísse. Com a típica cegueira nazista a questões de princípio, ele supôs que quando o país fosse aniquilado a França e a Inglaterra não se sentiriam mais presas a antigos tratados. Mas como nada desse tipo aconteceu, a máquina militar alemã logo teria de provar seu valor contra adversários mais fortes que o exército polonês.

Depois da primeira comoção na Polônia, seguiram-se os meses da "guerra fajuta", com ação mínima em terra, mar ou ar. Isso não poderia durar para sempre – e não durou mesmo. A "guerra econômica", termo que definia essa "guerra fajuta", teve um fim abrupto em 9 de abril de 1940, quando as forças nazistas ocuparam a Dinamarca e a Noruega.

O lance, como tantos outros movimentos de Hitler, fora anteriormente considerado impossível. A marinha britânica, esmagadoramente superior a qualquer coisa que os alemães já tiveram, estava de guarda nos portos. As águas territoriais norueguesas estavam minadas. Mesmo assim, com a ajuda de uma sorte extraordinária, os alemães conseguiram. Comboios de navios nazistas haviam deslizado perto da costa, conseguindo, de algum modo, evitar todas as naves britânicas, exceto uma (que de qualquer forma explodiram), e conseguiram atracar em segurança antes que as minas fossem colocadas.

Em 10 de maio, novamente na alvorada, Hitler moveu-se contra a Holanda, Bélgica e Luxemburgo. Isso destacava o fato de que a "guerra econômica" terminara e a guerra de tiros era séria. "A batalha que se inicia hoje", Hitler disse a suas tropas em sua ordem do dia, "decidirá o futuro da nação alemã pelos próximos mil anos". E suas tropas, ao que parece, eram praticamente invencíveis. O exército holandês (com mais de meio milhão de soldados) capitulou em cinco dias. Em oito dias os alemães chegaram a Bruxelas. Mais que isso, em 17 de maio, a "impenetrável" Linha Maginot da França, a estrutura de defesa que fazia a inveja da Europa, fora rompida – e muito. No final de maio, a Holanda fora invadida, a Bélgica fora invadida, o norte da França fora ocupado, o 1º, 7º e 9º exércitos franceses haviam sido nocauteados, e a famosa retirada de Dunquerque começara. Em 14 de junho, Paris caiu. Dias depois, o marechal francês Pétain pediu um armistício.

Observando tudo de Berlim e depois da própria Paris, William Shirer anotou em seu diário em 29 de maio:

> O que acontecerá se os exércitos francês e britânico se renderem ou forem aniquilados, já que os alemães dizem que eles estarão em seus dois bolsos? A primeira invasão da Inglaterra desde 1066? As bases inglesas no continente,

que bloqueavam um milagre de último minuto, se foram. As planícies, logo depois do Canal e a parte sul mais estreita do Mar do Norte, cuja defesa sempre foi ponto principal da política britânica, estão nas mãos do inimigo. E os portos do Canal Francês que ligavam a Grã-Bretanha com sua aliada francesa foram perdidos.

A maioria das pessoas aqui [em Berlim] acredita que agora Hitler tentará conquistar a Inglaterra.

De fato, o que viria a seguir? Como sabemos, não houve milagre de último minuto – exceto o próprio milagre de Dunquerque. A Grã-Bretanha estava totalmente aberta à invasão; e embora não estivesse totalmente indefesa, só o que a separava da mais poderosa máquina de guerra do mundo era uma tira de água tão estreita que em certas partes era possível avistar uma costa a partir da outra.

Como os berlinenses, a maioria do povo britânico esperava a invasão de Hitler. Não apenas seria a coisa lógica, como de longe a mais óbvia a acontecer. No início Hitler não considerou essa possibilidade porque achou que seria desnecessário: após a queda da França, a Grã-Bretanha concordaria com a paz. Diversos pacificadores estavam de fato sendo enviados por países neutros e o Vaticano. Hitler esperou até julho para saber quais seriam os resultados. Daí, percebendo aos poucos que os lunáticos britânicos ainda estavam preparados para lutar, deu sua primeira instrução para iniciar os preparativos para "um desembarque na Inglaterra". A data de sua invasão ainda não fora decidida e, na instrução, estava enfatizado que nenhuma decisão final havia sido tomada sobre sua realização. Mas em 6 de julho toda a dúvida se dissipara: "Decidi preparar uma operação de desembarque contra a Inglaterra e, se necessário, levá-la adiante. O objetivo da operação é eliminar a pátria inglesa como base para continuar com a guerra contra a Alemanha e, se necessário, ocupá-la completamente".

Nascera a "Operação Leão-Marinho". A vitória alemã definitiva sobre a Inglaterra, como observou um general nazista, agora era apenas questão de tempo.

Mas o tempo se arrastava...

O "Leão Marinho", originalmente marcado para 15 de setembro, foi postergado, depois postergado novamente e novamente. Ninguém sabe bem qual era exatamente o problema, até hoje. Em julho, a Inglaterra tinha apenas meia dúzia de divisões capazes de resistência – embora a Inteligência Alemã superestimasse sua força. Sabemos, a partir de documentos capturados, quando a guerra foi vencida, que diversos dos conselheiros militares de Hitler mantiveram-se firmes contra a proposta de invasão por razões que nem sempre resistem a um exame mais detalhado. Mas Hitler dera muito pouca importância a conselhos de fora antes disso. Para dizer o mínimo, parece surpreendente que ele tenha começado a aceitá-los em um momento no qual seu próprio julgamento o levara a tamanhos picos de sucesso militar.

Em 4 de setembro, ele disse a uma audiência loucamente entusiástica em Berlim: "Na Inglaterra eles estão cheios de curiosidade e se perguntam: 'Por que ele não vem?' Calma, calma – ele está indo! Ele está indo!" Mas nunca foi. E os historiadores ortodoxos passam por maus bocados para encontrar um motivo válido para isso.

Certo historiador nada ortodoxo sugeriu uma resposta que proponho examinar aqui. Mas antes será útil que conheçamos o homem que fez isso. Seu nome era Gerald Brosseau Gardner.*

Quando começou a atrair a atenção do público, já no final da vida, Gardner tinha uma aparência singular. Tinha uma massa de cabelos brancos, um cavanhaque cinzento pontudo e sobrancelhas generosas curvadas nas pontas como chifres. Ele

---

* N.E.: Sugerimos a leitura de *A Bruxaria Hoje* e *O Significado da Bruxaria*, ambos de Gerald Gardner, Madras Editora.

tinha algo de brincalhão e levemente excêntrico e, de acordo com algumas pessoas que o conheceram (não foi meu caso), ele também era bastante encantador.

Gardner era um bruxo, um dos primeiros a embarcar na atividade, que agora virou moda, de declarar seu interesse abertamente.

Nasceu em 1884 e passou a maior parte de sua vida profissional na Malaia, onde era oficial alfandegário. Era especialista em folclore, embora seu interesse pareça não ter sido acadêmico, e passou um bom tempo estudando o ocultismo no Extremo Oriente. Exonerou-se do Serviço em 1936 e voltou à Grã-Bretanha para iniciar uma interessante carreira no ocultismo. Em algum momento de 1940, entrou para uma sociedade mágica em Christchurch, Hampshire, e descobriu que se tratava, ao menos parcialmente, de uma organização de fachada para o culto da bruxaria (os seguidores de Gardner – e na verdade a maior parte das bruxas que se curvam diante de seu nome – aceitam a tese da dra. Margaret Murray, publicada pela primeira vez em 1921, de que a bruxaria é um vestígio vindo de uma religião da fertilidade que remonta à Idade da Pedra. Apesar das impecáveis credenciais acadêmicas da dra. Murray e do apoio que mais tarde ela recebeu das chamadas bruxas modernas, parece haver muito poucas provas que sustentem essa teoria).

Como nunca recusava uma experiência oculta interessante, Gardner logo se tornou iniciado no ofício. Mas o que descobriu ali parece tê-lo desapontado, pois cerca de três anos depois contratou Aleister Crowley – o mesmo mago negro de que já falamos – para compor o ritual de iniciação e outros adequados para um ramo reconstituído de bruxaria. Não é de surpreender, tendo em vista o envolvimento de Crowley, que esses rituais muitas vezes tivessem um forte elemento sexual.

No final da década de 1940, Gardner escreveu e publicou um romance sobre a bruxaria medieval chamado *High Magic's Aid*, no qual, como afirmou anos depois, dava muitas pistas importantes sobre a verdadeira natureza do ofício. Mais tarde expressaria surpresa porque o livro, embora fosse um romance (ou seja, puramente ficção), era levado a sério por muitos leitores. Entre eles Gardner começou a encontrar seguidores.

A partir de 1946, foi membro do conselho da Sociedade Folclórica, na qual aparentemente constrangeu seus colegas acadêmicos mais sóbrios ao insistir que deveria haver um elemento de realidade nas antigas lendas. Como muitos outros ocultistas, ele acabou por sucumbir a um desejo por honras acadêmicas e respeitabilidade e, por volta de 1950, repentinamente, anunciou-se como dr. Gardner. Mas seus títulos (MA, PhD e Dlitt) não parecem ter sido concedidos por nenhuma das instituições de ensino mais conhecidas. Em 1954, publicou seu segundo livro, intitulado *A Bruxaria Hoje*. Reafirmava, de forma bastante agradável à leitura, a tese de Margaret Murray[*] sobre as origens da bruxaria na Idade da Pedra como religião da fertilidade (a dra. Murray escreveu a introdução do livro), mas acrescentava a surpreendente informação de que essa religião sobrevivera e era praticada secretamente até os dias de hoje. Em minha cópia do livro, Gardner vem descrito como "membro de um dos antigos conciliábulos do Culto das Bruxas que ainda sobrevive na Inglaterra". Na época, também era diretor do Museu de Magia e Bruxaria em Castletown, Isle of Man.

Foi em *A Bruxaria Hoje* que esse curioso indivíduo expôs uma teoria igualmente curiosa sobre a razão pela qual Hitler não aproveitou a oportunidade de invadir a Grã-Bretanha e dar fim à guerra europeia com a maior vitória já obtida pela nação alemã.

---

[*] N.E.: Sugerimos a leitura de *O Culto das Bruxas na Europa Ocidental*, de Margaret Murray, Madras Editora.

Bruxas lançaram feitiços para impedir Hitler de desembarcar após a queda da França. Elas se encontraram, fizeram crescer o grande cone de poder e dirigiram este pensamento ao cérebro de Hitler: "Você não pode cruzar o mar", "Você não pode cruzar o mar", "Não é capaz de vir", "Não é capaz de vir"... Não estou dizendo que elas pararam Hitler. Tudo o que disse é que vi uma cerimônia muito interessante, realizada com a intenção de pôr uma certa ideia em sua mente; ela foi repetida muitas vezes mais tarde e, embora todos os barcos de invasão estivessem prontos, o fato é que Hitler nem mesmo tentou vir para cá. As bruxas me contaram que seus tataravós tentaram projetar a mesma ideia na mente de Boney (Napoleão Bonaparte).

E apesar da negação, Gardner estava de fato dizendo que as bruxas haviam influenciado Hitler. Em outro ponto de *A Bruxaria Hoje*, ele deixa clara sua posição:

Já falei como as bruxas realizam certos ritos e acreditam que tiveram sucesso influenciando as mentes das pessoas que controlavam as barcas de invasão.

Essa é puramente minha própria *teoria* e a fundei assumidamente na *superstição*, mas acho que elas poderiam realizar ritos similares para influenciar as mentes daqueles que controlam a *bomba de hidrogênio* [os itálicos são de Gardner].

Gardner alegava ter testemunhado a cerimônia que parou Hitler. Mas será que podemos considerá-lo uma testemunha confiável? Seus títulos acadêmicos são questionáveis e sua história inteira é, para dizer o mínimo, bizarra. Será que as provas de um homem assim podem se levadas em conta? Por muito tempo, a resposta da moda era não. A publicação de *A Bruxaria Hoje* foi seguida por um espantoso aumento de interesse em sua variedade de "bruxaria". Conciliábulos gardnerianos começaram a pulular por todo o país como cogumelos. Observadores cínicos do fenômeno tendiam a pensar que Gardner, sozinho, inventara todo o "revival". Parecia uma conclusão razoável. Os rituais, afinal de contas, não haviam sido transmitidos desde uma empoeirada Antiguidade, mas inventados por Crowley. E mesmo a tese erudita da dra. Murray recebia cada vez menos apoio conforme era analisada mais exaustivamente. Teriam de fato existido conciliábulos de bruxaria antes daqueles fundados pelo próprio Gardner? Improvável, diziam os especialistas.

Mas embora essa conclusão seja perfeitamente compreensível, não chegava a ser verdadeira. Recentemente, em 1970, o historiador contemporâneo da magia, Francis King, publicou provas que mostram ter existido ao menos um conciliábulo em funcionamento antes da entrada em cena de Gardner. Ele operava em Hampshire. E não apenas funcionava, como parece ter sido exatamente aquele que usou da magia para tentar impedir a invasão de Hitler. A versão da cerimônia dada por King é ainda mais interessante que a de Gardner, pois ele sustenta que ela incluiu um sacrifício humano.

> As bruxas, que tradicionalmente realizam seus ritos nuas, ungem seu corpo como nadadores para afastar o frio. Nessa ocasião, porém, o membro mais velho e fraco do conciliábulo ofereceu-se para não usar a unção protetora para morrer de frio durante a cerimônia e assim oferecer sua força vital para impulsionar o feitiço. King acrescenta que não apenas esse voluntário para o sacrifício perdeu a vida, como ainda dois outros membros do conciliábulo morreram pouco depois, de pneumonia.

Assim como podemos aceitar que Hitler e outros chefes nazistas acreditavam estar ligados a poderes da escuridão sem necessariamente aceitar que esses poderes de fato existem, assim também podemos aceitar que as bruxas inglesas usaram a magia contra Hitler sem necessariamente aceitar que essa operação seja eficaz. Porém, nesse último ponto, ainda paira uma certa dúvida.

A pesquisa dos parapsicólogos modernos mostra, sem sombra de dúvida, que uma mente humana pode influenciar outra, sem intermediário, a distância. Experimentos de laboratório demonstraram que, por exemplo, sonhos específicos podem ser induzidos em sujeitos adormecidos por um processo de telepatia. Talvez aquelas bruxas de Hampshire de fato soubessem de algo a respeito da mente humana que os cientistas da época não conheciam. Certamente sua forma de oposição ao regime nazista não foi nem de longe a mais peculiar na guerra, como veremos na espantosa história do massagista místico de Himmler.

Capítulo 18

Massagista Místico

"Göring, aquele maldito sabujo, mata todos os animais. Imagine um pobre cervo pastando tranquilamente e daí vem o caçador com sua arma para atirar naquele pobre animal – como isso pode dar prazer?" Sentimentos valorosos de uma fonte estranha. As palavras foram ditas (e não para consumo público) por Heinrich Himmler, um homem disposto e capaz de assassinar milhares de animais humanos com um golpe de caneta.

Haveria dois lados de Himmler? Certa vez, por instigação de sua esposa, ele ordenou que seu representante, Reinhard Heydrich, pedisse o divórcio. Pouco depois, dançando com Frau Heydrich em uma ocasião social, sua coragem o abandonou e ele rescindiu a ordem, assegurando a ela que tudo estaria certo. Seu nome, mais do que qualquer outro líder nazista, está associado ao extermínio bárbaro de seis milhões de judeus durante a Segunda Guerra Mundial. O massacre não foi, como a história bem sabe, resultado de uma operação militar. As sementes do antissemitismo lançadas nas lojas mágicas que deram origem ao

Reich Oculto brotaram em horrendas flores alimentadas pelos campos de concentração de Belsen, Auschwitz e muitos mais. Era uma política de genocídio, eufemisticamente chamada "solução definitiva para a questão judaica". Mas, para os Aliados vitoriosos, não restam dúvidas de que ela teria sido levada até o fim: a judiaria europeia teria sido riscada do mapa.

Diversos historiadores alegaram que a "solução definitiva" fora ideia original de Himmler. Mas agora isso parece improvável. Hitler lhe deu instruções em 11 de novembro de 1941 e ele voltou a seu gabinete profundamente deprimido pela virada dos acontecimentos. Quase exatamente um ano depois, ele expressou sua opinião de maneira muito direta: "Nunca quis destruir os judeus. Minhas ideias eram bastante diferentes. Mas Goebbels tem isso tudo na consciência... Até a primavera de 1940, os judeus ainda podiam sair da Alemanha sem nenhum problema. Daí Goebbels chegou ao comando." Suas "outras ideias" eram, diz ele, exilar todos os judeus alemães, permitindo-lhes que levassem sua propriedade. Goebbels, alegou, achava que a única resposta para o "problema judaico" era o extermínio total.

Haveria ainda, enterrado sob a fria superfície robótica deste "homem de outro planeta", algum resquício do jovem que escrevia "Eu sempre amarei a Deus"? É perigoso ir longe demais nessa ideia. Não podemos nos esquecer de que estamos nos referindo ao homem que autorizou as infames experiências médicas em Dachau, que ajudou o professor Hirt a obter todos os crânios "Judaico-Bolcheviques" de que precisava, que administrou as câmaras de gás com uma eficiência que foi, literalmente, mortal. Quaisquer que fossem suas reservas iniciais e de onde quer que tenha vindo a ideia original, Himmler atirou-se à "solução definitiva da questão judaica" com um entusiasmo frio. Sua aceitação da mitologia racial nórdica permitia que não relegasse os judeus simplesmente à posição de cidadãos de segunda classe, mas à posição de sub-humanos. Os cadáveres arrastados nos campos de concentração para enterros em túmulos coletivos não eram de pessoas, mas de coisas. Eles representavam um ramo degenerado da evolução, assim como os hesitantes monstros ruivos da Lemúria. Os judeus eram parasitas. Tinham o potencial racial de destruir não apenas a civilização mas a própria humanidade verdadeira. Enquanto muitos antissemitas abominam e temem os judeus na área econômica, a repugnância negra de Himmler tinha raízes bem mais profundas – na biologia.

Porém, em outubro de 1944, ocorreu um dos mais assombrosos incidentes na espantosa história do Terceiro Reich. Este arqui-inimigo da raça judaica, este intrépido exterminador do povo judaico, esta personificação do ódio contra tudo o que era judeu concordou em se encontrar com o dr. Jean-Marie Musy, presidente do *Altbund* suíço, para discutir o futuro dos judeus que estavam nas mãos dos nazistas. Ainda mais assombroso – talvez "miraculoso" seja uma palavra demasiado forte – Himmler concordou, durante o encontro, em libertar todos os judeus que estavam em mãos alemãs e permitir que viajassem até a Suíça. Não foi uma promessa vazia. Ao voltar de Viena, onde ocorrera o encontro, deu uma ordem imediata proibindo qualquer nova exterminação de judeus nos campos de concentração e acrescentando que se deviam prestar cuidados aos fracos e doentes. Dois meses depois, o Reichsführer-SS foi ainda mais longe. Concordou que todos os prisioneiros de campos de concentração escandinavos fossem transferidos para um campo especial perto de Hamburgo, onde seriam alimentados pela Cruz Vermelha Suíça e gradualmente libertados na própria Suécia. O vice-presidente da Cruz Vermelha sueca foi chamado para providenciar as disposições necessárias ao transporte.

O que, nos perguntamos, teria acontecido ao monstro? Por que Himmler estava preparado para fazer acordos e tomar providências que iam contra tudo em que acreditava? É fácil sugerir que, com a Alemanha obviamente derrotada, ele estava simplesmente tentando obter alguma segurança pessoal contra seu destino no caso de uma vitória Aliada. Mas essa explicação é furada, pois a inevitabilidade de uma derrota alemã não era óbvia para Himmler. Hitler lhe dissera que as tropas do Reich voltariam a comandar a Europa em 20 de janeiro de 1945. Seria a última tentativa inútil e desesperada de Hitler de reunir seus antigos poderes precognitivos, agora danificados sem chance de salvação pelos medicamentos ministrados a ele por seu charlatão favorito. Mas Himmler acreditava na predição.

Assim, se não foi um interesse próprio que o fez agir assim, o que teria sido?

A resposta, tão fantástica quanto qualquer outra em toda esta fantástica história, é que a influência satânica de Hitler sobre Himmler estava sendo combatida, ao menos em parte, pela influência de um ocultista branco.

Feliz Kersten nasceu em 1898 na Finlândia, embora mais tarde fosse considerar-se holandês depois de viver por muitos anos na Holanda. Era um *bon vivant* gordo, bem-sucedido, um tanto teimoso. Mas por trás do exterior insuperavelmente mundano residia uma habilidade e um treinamento do mais estranho tipo.

Ele se interessava por medicina e, na juventude, estudara a arte da massagem. Essa arte tem muito mais consideração na Europa continental do que, por exemplo, na Grã-Bretanha, e uma genuína proficiência (com as qualificações relevantes) concede um *status* apenas um pouco inferior ao de um médico. Junto com a massagem muscular, Kersten estudara uma outra forma de terapia manual que consistia em manipular os próprios centros nervosos. A teoria por trás dessa técnica era que muitas formas de dor física resultam de tensão nervosa (mais no sentido físico que no psicológico). O tipo correto de manipulação dos nervos deve relaxar o indivíduo e assim trazer alívio.

Kersten era bom. Ele se qualificou na Finlândia, mas acabou se mudando para Berlim, onde estabeleceu uma bem-sucedida clínica. Já tinha gosto pela boa vida – para não falar de uma delicadeza excepcional com os pacientes – mas não demonstrava o menor interesse pelo esotérico. Daí, quase por acidente, conheceu um ocultista oriental chamado Ko.

Kersten espantou-se ao descobrir que o dr. Ko também era massagista – espantou-se porque Ko não tinha o tipo físico adequado: ela miúdo, emaciado e frágil. Porém, esse pequeno oriental não apenas era um massagista, como um massagista de surpreendente habilidade. Ele convidou Kersten a demonstrar seus próprios talentos. Kersten pôs-se a trabalhar. No final da sessão Ko observou, com a típica inescrutabilidade chinesa: "Foi bom – mas você não sabe nada, nada mesmo".

Era o início de uma incrível parceria. O dr. Ko acreditava em Astrologia. Trinta anos antes seu horóscopo predissera o encontro com Kersten que, estava escrito, se tornaria seu pupilo e levaria adiante a tradição das técnicas secretas de cura que ele praticara a vida inteira. No início, o prudente Kersten esquivou-se de qualquer ideia de tornar-se pupilo daquele estranho homenzinho, mas acabou por ceder. O que ele aprendeu era de fato um método muito estranho de massagem.

Embora fosse chinês, Ko recebera seu treinamento médico no Tibete. Assim como os nazistas acreditavam ser iniciados do ocultismo negro tibetano, Ko sentia ser iniciado dos sistemas mágicos brancos originários dessa misteriosa terra. A primeira coisa que ensinou a Kersten não foi manipular, mas meditar. Depois de muitas semanas e meses dolorosos, Kersten vagarosamente aprendeu difíceis disciplinas mentais que lhe permitiram por fim transferir sua sede da consciência de sua posição normal aparente atrás da curva do nariz para a ponta dos dedos.

Assim, quando punha as mãos em um paciente, sentia como se todo seu ser fluísse por seus dedos para o corpo dele. Sua mente vagava livremente pelas células daquela pessoa. Nesse estado, que tem paralelos óbvios com as condições de transe encontradas no ioga e outros sistemas ocultos, ele descobriu que podia diagnosticar doenças simplesmente pousando as mãos e, por assim dizer, procurando. Também podia, ao que parece, transferir parte de sua própria energia para o corpo do paciente, um pouco como um curandeiro espiritual.

Apesar das fotografias Kirlian, que mostram essa transferência de energia como algo real e mensurável, em geral ficamos de pé atrás diante desse tipo de afirmação. Mesmo assim, o sistema de Kersten funcionava. De um simples bom massagista ele se tornou, sob a orientação do dr. Ko, um incomparável massagista. Sua capacidade de aliviar a dor era quase miraculosa.

Kersten e Ko trabalharam em parceria por alguns anos e a clínica, como é fácil supor, prosperou. Mas certo dia o pequeno chinês anunciou sua partida. Kersten ficou atônito, mas Ko não se demoveu. Seu horóscopo mostrava que ele estava perto de morrer e ele queria encontrar a morte na sua Ásia natal.

Mesmo com Kersten trabalhando sozinho, a clínica continuava a prosperar. Sua reputação se espalhava cada vez mais. Tornou-se médico pessoal da família real holandesa. Então, em 1938, recebeu um agourento convite. Pediram-lhe que atendesse o temido chefe da odiadas SS, Heinrich Himmler. Depois de um considerável debate interno, ele compareceu.

Himmler, desde a juventude, sofria de cólicas estomacais. Na época em que assumiu a responsabilidade pelas SS, elas se haviam tornado insuportáveis e crônicas. Ele estava em posição de exigir os serviços dos melhores médicos da Alemanha, mas seus medicamentos ofereciam no máximo um alívio parcial e temporário. Kersten, mais tarde, lembrou-se de seu nervosismo ao passar pelos guardas de uniforme negro no quartel-general do Reichsführer. Mas conseguiu disfarçá-lo muito bem – tinha naturalmente uma aura muito aristocrática, que o manteve firme nesse momento.

Himmler, quando se encontraram, mostrou-se amigável. Como já vimos, sua personalidade privada dava pouca indicação do ogro que era. Mas tinha dores. Algo havia disparado outro acesso de cólicas estomacais. Kersten pediu que se despisse e deitasse em um sofá. Em seguida, Kersten pousou as mãos no corpo e iniciou as estranhas disciplinas psíquicas que lhe haviam sido ensinadas por Ko. Descobriu rapidamente duas coisas: que Himmler sofria de um doloroso distúrbio no sistema nervoso e que era possível aliviá-lo. Pôs-se ao trabalho e, em poucos minutos, a dor se fora. Em um personagem menos detestável a gratidão de Himmler teria sido comovente: "Consultei muitos professores alemães e nenhum deles pôde me ajudar. Por favor, me ajude. Por favor, me ajude, professor". Novamente, depois de uma considerável consulta à própria alma, Kersten concordou. Daquele momento em diante, tornou-se médico pessoal de Himmler e, gradualmente, estabeleceu-se como seu padre confessor e influência dominante.

A forma como usou essa influência é questão de história. Em 1947, o professor N.W. Posthumus, então diretor do Instituto de História da Guerra, foi nomeado chefe de uma comissão estabelecida pelo governo holandês para investigar Kersten. Depois de três anos de pesquisa intensiva, essa comissão anunciou suas descobertas: o serviço de Kersten à humanidade e à causa da paz fora tão extraordinário que não se podia encontrar nenhum precedente comparável em toda a História!

O número real de vidas salvas por esse curandeiro ocultista provavelmente nunca será determinado com exatidão. Mas de longe a maioria era judeus. Ele ficou estarrecido quando

Himmler lhe falou da decisão de Hitler de liquidar a raça e, a partir daquele momento, fez tudo o que estava em seu poder para bloquear as engrenagens da máquina mortal. Um bom exemplo de seu método pode ser visto em sua primeira tentativa (bem-sucedida) de salvar vidas judias. A situação, curiosamente, dizia respeito à sua Finlândia natal.

Em julho de 1942, Himmler foi à Finlândia exigir a rendição dos judeus finlandeses às garras da "solução definitiva". Kersten, obviamente, foi junto com ele, pois nesse momento Himmler se tornara tão dependente do toque mágico de seu massagista que quase não aguentava vê-lo longe. Na Finlândia, Kersten imediatamente fez contato com o ministro do exterior finlandês e sugeriu um plano para retardar as exigências nazistas. Os finlandeses concordaram. Disseram a Himmler que a questão judaica era demasiado importante para ser decidida por qualquer instância menor que o parlamento – e o parlamento só se reuniria em novembro. Instado por Kersten, Himmler concordou em esperar. Em meados de dezembro, ele levantou a questão novamente. Kersten persuadiu-o de que a situação da guerra na Finlândia era tão grave que qualquer reunião do parlamento no período seria um risco – especialmente quando se tratava de um assunto tão controverso.

O Reichsführer novamente aceitou os argumentos de Kersten e, embora em algum momento ele deva ter percebido perfeitamente que estavam tentando distraí-lo, não fez nenhuma referência ao caso exceto por uma breve e petulante observação nove meses depois.

Os judeus da Finlândia foram apenas os primeiros a dever a vida a Kersten. Em um jantar em 1944, ele repentinamente tocou na questão judaica e, de acordo com uma testemunha, "insistiu como um cão de caça até que Himmler finalmente concordou em fazer uma alteração fundamental em todo o caso dos judeus – a favor dos judeus". O encontro entre Himmler e o dr. Musy foi arranjado por Kersten, já que o plano de Himmler era soltar os prisioneiros dos campos de concentração na Suécia.

A partir de meados de 1942, ele ocupou-se em plantar na mente de Himmler a ideia de que ele devia tentar concluir um tratado de paz separado com os Aliados ocidentais – mesmo que isso significasse depor Hitler. Mas, desta vez, o massagista místico não teve sucesso, pois embora tenha quase levado Himmler a essa decisão muitas e muitas vezes, o Reichsführer não ficava persuadido. Rodeado como estava pelas arapucas satânicas do Reich Oculto, mesmo os incríveis poderes desse espantoso ocultista branco não eram páreo para as habilidades sinistras do iniciado negro Hitler, a quem bastava apenas pousar os baços olhos cinzentos em Himmler para seduzir sua alma.

Mas o tempo justificou o tipo de magia de Kersten, assim como o tempo permitira que o esoterismo negro de Hitler fizesse com que todo o fantástico edifício do Reich Oculto ruísse diante dos olhos do Führer.

Capítulo 19

Sacrifícios Satânicos

Abril de 1945. Não era uma boa época para ser nazista na Alemanha. A guerra, enquanto guerra, terminara. Os exércitos de Alexander atravessavam facilmente a Itália. Patton estava na Baviera. Viena caíra diante dos russos, que também ameaçavam Dresden e Berlim. Os franceses estavam no Danúbio. Os britânicos estavam avançando para Bremen e Hamburgo. Apenas um (cada vez mais) estreito corredor de terra permanecia em mãos nazistas. Os russos, de um lado, e os americanos, de outro, o estreitavam cada vez mais, como um gigantesco torno. O edifício monolítico do Reich de Mil Anos, aquele imponente monumento aos Novos Senhores de Thule e Mestres do Vril, foi esmagado por soldados que não se achavam super-homens mas que, por vezes, agiram como se fossem.

Mas ainda havia resistência. Ela se concentrava em um abrigo apertado, de 18 cômodos e à prova de bomba escavado em 15 metros abaixo da superfície do jardim da Chancelaria do Reich. Era o *bunker* pessoal do Führer, desocupado na maior parte da guerra, mas agora seu quartel-general pessoal e sede final da corte nazista. Um transmissor de rádio um tanto improvisado fora pendurado em um balão acima dele. Esse se tornaria o último meio de contato de Hitler com o mundo exterior.

Mas, como já vimos, houve um longo período nesses tristes dias em que Hitler não se interessava pelo mundo exterior. Ele ainda acreditava, como Haushofer e Eckart lhe haviam dito tantos anos antes, que a realidade se curvaria à pressão de uma vontade de ferro dirigida pela visualização correta. Ele sabia que tinha a vontade, sabia que ainda poderia reunir o combustível emocional para a operação, mas a visualização – que exigia concentração suprema, que se tornara quase impossível diante das persistentes notícias de que a realidade externa ainda não se curvara à pressão dessa antiga magia. Apesar de seus esforços, não houve meio de ficar completamente isolado das notícias. Conselheiros não iniciados, sob a impressão de que as batalhas da Alemanha seriam decididas por fatores militares e não mágicos, insistiram em mantê-lo a par dos acontecimentos.

Em algum momento, ao que parece, Hitler ficou desesperado. Quando isso aconteceu, ele fez o que os magos negros sempre fizeram nas situações desesperadas – tentou concluir um pacto.

O pacto é uma forma muito antiga de magia e, por sua própria operação, extremamente negra. Diferente de tudo o que Hitler tentara até então, não se baseava em nenhum exercício psico-espiritual em que, no final das contas, é a mente humana que move os acontecimentos. É mais um sistema de escambo. Sua base lógica – se é que se pode usar esse termo para uma operação de tamanha insanidade – é que as hierarquias infernais existem em uma dimensão próxima à nossa; que os "demônios do poço" estão interessados nos assuntos humanos; e que, por um preço, essas poderosas entidades estão preparadas para intervir em favor do mago que as invocar. O pacto em si é simplesmente um acordo, às vezes escrito, às vezes não, entre um ser humano desesperado, ganancioso ou simplesmente meio louco e um demônio. É um contrato, como qualquer contrato comercial. O mago solicita um serviço. O demônio pode oferecê-lo. O mago concorda em pagar um preço.

O historiador da magia Arthur Edward Waite, ao examinar os grimórios de uma época em que essa forma de negociação parecia bastante popular, diz o seguinte: "O pacto é uma concessão à pobreza dos recursos do operador. Em Magia Negra, assim como em alguns outros processos, o necessitado deve estar disposto a sacrificar, e o conjurador insuficientemente equipado pode ter de pagar um preço mais alto no final".

Aqui temos, então, a chave dos pactos: o sacrifício. O operador deve estar sempre pronto a fazê-lo, pois é o preço tradicionalmente exigido pelas legiões infernais. Quanto maiores as exigências do operador, maior deve ser o sacrifício. Como estamos tratando diretamente com os "poderes do caos", ele deve envolver destruição, ruína e, se possível, vida humana.

"As perdas nunca são altas demais!" Hitler exclamou certa vez ao Marechal de Campo Walther von Reichenau. "Elas plantam as sementes da grandeza futura!" Era a autêntica voz do mago convencido de que o sacrifício a Satanás acabaria por restaurar o equilíbrio. "Em seus últimos dias", conta Trevor-Roper, "nos dias da Radio Werewolf e da estratégia suicida, Hitler se assemelha a um deus canibal, regozijando-se na ruína de seus próprios templos. Quase todas as suas últimas ordens foram de execução: os prisioneiros tinham de ser massacrados, seu antigo cirurgião devia ser morto, seu próprio cunhado devia ser executado; todos os traidores, sem mais especificações, tinham de morrer. Como um antigo herói, Hitler desejava ser levado ao túmulo com sacrifícios humanos..." E, como dizem os livros negros, não há sacrifício mais agradável a Satanás que o de um amigo ou parente próximo – como um antigo cirurgião, um cunhado...

Hitler mandou chamar Albert Speer, seu ministro dos armamentos e um homem que há muito tentava se livrar da longa influência mesmérica do Führer. "Se a guerra tem de ser perdida", disse ele a Speer asperamente, "a nação também perecerá... Não há necessidade de considerar por mais tempo a base da mais primitiva das existências. Ao contrário, é melhor destruir até mesmo isso e destruí-lo nós mesmos..."

Ele instituíra uma política de terra seca. O povo alemão recebeu ordem de arrasar suas cidades e fábricas, detonar suas pontes, destruir veículos e queimar vagões, romper diques, destruir e continuar destruindo até que não restasse mais nada. Speer foi encarregado dessa aterradora política e Speer a sabotou. Mas, no caso, Speer não era um mago. Como muitos historiadores, ele supôs que aquilo tudo era um gesto simbólico e vazio, um gesto cênico de algum crepúsculo dos deuses wagnerianos. Mas não era nada disso. Hitler decidira fazer um pacto. Ele percebeu que estava pedindo uma grande coisa a Satanás – um milagre de tal magnitude que literalmente viraria as condições físicas de ponta-cabeça e restauraria seus antigos discípulos a suas antigas posições de autoridade. Ele sabia que o preço desse milagre seria extraordinariamente alto e dispôs-se com todo o entusiasmo sanguinário sob suas ordens a pagá-lo. Com antecedência.

Devo repetir mais uma vez o que já disse tantas vezes neste livro. Não precisamos acreditar em Satanás para aceitar que Hitler o fazia. Pactos com Lúcifer, sacrifício de sangue e magia podem nos parecer as mais bizarras insanidades, demências vazias, inúteis e destituídas de poder. Mas é preciso aceitar que sempre houve pessoas para acreditar nelas. Essa crença é uma realidade inconteste e forma a base de nossa tese atual.

Será que Hitler acreditava em Satanás e em pactos? Sabemos que certamente acreditava em sacrifícios: *as perdas nunca são altas demais*. Não há como ter certeza absoluta do resto, pois seria preciso entrar na mente do ditador. Mas ao mesmo tempo podemos estudar sua carreira. É a carreira de um mago. E podemos estudar suas ações. São as ações de um satanista. Em suma, a forma como Hitler vivia, pensava e agia era a forma como um satanista teria vivido, pensado e agido. A diferença entre o Führer e uma dúzia de outros membros da ala lunática dos ocultistas não é de personalidade, mas de posição. Ele é um exemplo do que ocorre quando uma crença individual nas doutrinas negras do ocultismo se encontra em uma posição de poder político.

O sacrifício em massa foi inútil. Talvez Satanás não estivesse ouvindo. Ou talvez, tendo sido pago com antecedência, o Pai das Mentiras tenha decidido não cumprir sua parte no acordo.

A data de 20 de abril chegou – o aniversário de Hitler. Ele planejara deixar Berlim naquele dia para fixar residência no quartel-general montanhês de Obersalzburg, para dali dirigir o restante da guerra. Mas Lúcifer não honrara sua parte no negócio. A situação geral parecia pior que nunca. Hitler hesitou. Não era um bom momento para hesitar, como observaram seus generais. O anel russo em torno da cidade fechava-se rapidamente. Era apenas questão de tempo – talvez mesmo de horas – antes que a rota de escape existente para o sul fosse cortada. Naquela noite houve um êxodo em massa dos líderes nazistas da capital. Mas Hitler permaneceu calmo. Ele ouvia outras vozes.

No dia seguinte, ele fez sua última tentativa. Um contra-ataque foi ordenado contra as tropas russas, que já estavam nos subúrbios a sul de Berlim. Ele seria liderado pelo general das SS, Felix Steiner. Todas as tropas disponíveis seriam desviadas para apoiá-lo. Mas conquanto Steiner de fato existisse (embora ninguém no *bunker* soubesse onde estava), o contra-ataque foi essencialmente uma operação mágica. Ou seja, os movimentos da tropa ocorreram apenas na mente de Hitler, o mago. Com cuidadosa manipulação de suas visualizações ele deve ter esperado, contra todas as esperanças, que a antiga conjuração funcionaria agora como funcionara no passado quando, fiéis às suas visões, os exércitos alemães atravessaram a Europa. Ele esquecera, obviamente, aquilo que todo neófito aprende no início de seu treinamento oculto: que o canal físico para o poder oculto deve ser estabelecido antes que as forças secretas possam fluir para produzir os efeitos desejados. Sua magia funcionara bem quando ele tinha o canal físico de um verdadeiro exército alemão. Esse exército não existia mais. A antiga magia não era mais que ideias vazias.

Às 15h do dia 22 de abril, chegou a ele a notícia de que a Rússia rompera as linhas inimigas. Ela acabou de matar o otimismo lunático que o mantivera – embora, como veremos, não tenha destruído sua fé cega no deus negro a que servira por tanto tempo. Entrou em um de seus característicos acessos de raiva e, finalmente, tomou a decisão crucial: ele não iria para o sul, nunca mais. Ele ficaria onde estava "para defender Berlim".

Mas Berlim era indefensável. Todos no *bunker* sabiam disso; inclusive, podemos supor, o próprio Hitler. Por que então decidiu ficar? Ele sabia que essa decisão implicava sua própria morte em no máximo duas semanas. Teria ele, como sugeriram muitos historiadores, sido tomado por uma autoimagem excessivamente dramática do Führer como uma espécie de Sansão cego empurrando a versão nazista do templo de Gaza em uma irrupção final de autodestruição?

A aviadora Hanna Reitsch chegou ao bunker depois de transportar o General Ritter von Greim por sobre aquela perigosa devastação que engolira a maior parte de Berlim. Greim, que havia sido aleijado quando uma granada russa atravessou o avião, foi nomeado comandante da Luftwaffe. O antigo comandante, Göring, cometera o erro de tentar assumir a autoridade suprema, na suposição razoável de que a posição e a autoridade de Hitler não dependiam de um poder mundano: tinha raízes na terra da magia, o lugar de encontro das outras dimensões que, como acreditava Nostradamus, de fato existiam em algum lugar do norte. A reunião foi um símbolo. Hitler sabia o que estava por vir. Chamou a piloto de testes de lado: "Hanna, você é uma das pessoas que morrerá comigo". E lhe entregou um frasco de veneno.

Como seu colega iniciado Haushofer, Hitler decidira que a única morte possível para ele era o suicídio. Explicou que não queria que seu corpo caísse nas mãos dos russos e, consequentemente, não podia correr o risco de ser morto em luta. Pode ter havido uma importante consideração. O cadáver de Mussolini e o de sua amante haviam sido pendurados pelos tornozelos para exibição pública na Itália. A ideia de que alguma coisa assim pudesse lhe acontecer devia ser aterrorizante para o egotista Hitler. Mas mesmo com os Aliados aproximando-se cada vez mais, ele apostou em esperar mais um pouco. Poderia, por exemplo, ter se suicidado razoavelmente em 22 de abril, quando descobriu que o contra-ataque de Steiner falhara. Ele poderia ter escolhido qualquer dia a partir daí, pois em posição tão desesperada um dia é tão bom quanto o seguinte, exceto porque o perigo de uma invasão torna o atraso cada vez mais desaconselhável. Na noite de 26 de abril, as primeiras granadas russas caíam sobre a própria Chancelaria.

E Hitler ainda protelava.

O que estava esperando? Se temia pelo tratamento de seu cadáver nas mãos de um inimigo que agora estava literalmente à distância de um tiro, por que atrasaria seu suicídio por um momento a mais?

Em 28 de abril ele se casou com Eva Braun, inconscientemente cumprindo uma profecia feita por Nostradamus quatrocentos anos antes. Também antes do final ele preparou um testamento político – um exercício que deve ter parecido bastante inútil até mesmo a uma mente como a sua.

Ao ler sobre esses últimos dias, ficamos com a distinta impressão de um homem que marcava o tempo. Praticamente a única ordem realista daquele período foi a estocagem de 180 litros de petróleo próximo à saída de emergência do *bunker*. Esse combustível destruiria os corpos após a morte. Mas o período de marcar o tempo não continuou para sempre. Se, para mortais comuns como nós, um dia parecia tão bom quanto qualquer outro para o suicídio, esse não era o caso de Hitler. Ele decidira o momento e estava preparado para se arriscar a cair nas mãos dos russos para ter a certeza de que sua morte viria naquele momento e não em outro.

Sua última hora não foi particularmente dramática. Ele terminou de almoçar e, acompanhado por Eva Braun, apertou as mãos dos que ainda estavam no *bunker*. Então ele e sua esposa de alguns dias retiraram-se para sua suíte. Alguns momentos depois, ela morria envenenada. Hitler deu um tiro na própria boca.

A data era 30 de abril. O iniciado negro permanecera fiel a seu credo sombrio até o final, arranjara as coisas de modo que até mesmo seu suicídio fosse um tributo sacrificial aos poderes da escuridão – 30 de abril é o antigo Festival de Beltane, o dia que se mistura à Noite de Walpurgis. É talvez a data mais importante em todo o calendário do Satanismo.

Apêndice I

Nova Luz sobre Velhas Doutrinas

Como os meus leitores teósofos terão percebido (possivelmente para seu horror), a antropogênese do capítulo 11 foi tirada, principalmente, dos escritos de Helena Petrovna Blavatsky. Não me desculparei por isso. Houve uma época em que era moda afirmar – mesmo entre ocultistas – que Madame Blavatsky inventara grande parte do ensinamento que alegava ter recebido junto aos lamas tibetanos. Mas mesmo essa antiga controvérsia acabou por desaparecer. Desde o tempo de Blavatsky, pouco mais aprendemos sobre os ensinamentos secretos do Tibete do que se sabia no período vitoriano. Mas o que aprendemos sugere que, quaisquer que fossem seus defeitos, essa venerável ocultista de fato fora iniciada nas doutrinas mais esotéricas do lamaísmo. Acredito que seus próprios escritos continuam a ser um dos melhores relatórios dessas doutrinas que possuímos.

Mas muito mais fascinante que a origem dessas doutrinas é o fato de que investigações recentes sugerem que ao menos partes delas não são mitologia.

No corpo deste livro não tratei da verdade ou não dos ensinamentos ocultos: apenas com a teoria de que por acaso os chefes nazistas acreditavam neles. Em um apêndice, porém, sinto-me consideravelmente mais livre para entregar-me a meu persistente impulso de propor especulações pouco ortodoxas. Se algum de meus leitores achar essas especulações não apenas pouco ortodoxas mas totalmente despropositadas, devo desculpar-me com antecedência por ferir sua sensibilidade. Minha única desculpa é que nunca acredito que a última palavra tenha sido dada – seja pela ciência ou pela filosofia – nas questões atemporais sobre de onde viemos, para onde estamos indo e por que estamos aqui.

Vamos olhar primeiro o ponto de vista ortodoxo.

Os cientistas hoje aceitam uma modificação da teoria darwiniana da seleção natural. Em seu famoso *Origem das Espécies*, Darwin apresentou a ideia de que as criaturas vivas desenvolvem certas características em resposta à pressão de seu ambiente. Essas características – que vão desde a inteligência até os dentes de sabre – são feitas para ajudá-las a sobreviver. Gradualmente, ao longo de éons de tempo, esses membros da espécie com as novas características de fato sobrevivem, enquanto os que não as têm gradualmente desaparecem. O problema dessa ideia, como apontaram os cientistas que sucederam a Darwin, é que não explica como as criaturas sobrevivem durante os milhões de anos em que a característica está se desenvolvendo, *mas ainda não se desenvolveu a ponto de ser útil.*

Assim, no lugar da teoria da evolução original de Darwin, os cientistas adotaram uma teoria evolutiva da mutação. Nessa teoria, a mutação – que simplesmente é uma alteração biológica aleatória – incluirá de tempos em tempos um indivíduo dentro da espécie equipado com uma nova característica que o ajuda em sua luta pela sobrevivência. Graças a essa nova característica, ele sobrevive e, consequentemente, transmite a característica de forma hereditária a seus filhos. Como resultado das características herdadas, os filhos estão mais equipados para sobreviver que seus companheiros. A característica tende então, geração após geração, a espalhar-se até que todos os membros da espécie acabem por possuí-la.

Com a teoria da mutação na seleção natural como estribilho, a história da humanidade, de acordo com as teorias científicas modernas, diz mais ou menos o seguinte:

Há vinte milhões de anos, havia muitas tribos de símios na Africa. Uma delas estava destinada, pelas inescrutáveis leis da seleção mutacional, a tornar-se o Homem. Era uma boa época para se viver, uma espécie de Jardim do Éden primitivo. O clima era suave, mas as chuvas eram pesadas. Como resultado, havia abundância de vegetais.

O símio cujos descendentes se tornariam os homens era um pequeno arborícola vegetariano. Sobrevivia facilmente comendo os frutos que cresciam em profusão a seu redor. A vida era fácil. Ele tinha um ou dois inimigos naturais, obviamente – notadamente o leopardo – mas eles não o preocupavam excessivamente. Movia-se rápido e havia muitas rotas de escape na selva. Ele não era particularmente agressivo. Não precisava.

Tudo o que é bom acaba e o Mioceno, como esse período é conhecido, não foi exceção. Foi seguido pelo Plioceno – 12 milhões de anos de seca. Na África moderna, uma seca de apenas 12 anos bastou para reduzir grandes áreas do interior a um deserto árido. O que 12 milhões de anos podem ter feito? Podemos imaginar selvas murchando e morrendo, florestas primitivas vagarosamente encolhendo.

Para os macacos, era o fim dos bons tempos. Os frutos rarearam. A vegetação se tornou mais rara e menos densa. Ao mesmo tempo, a competição aumentou. E nosso ancestral, lembrem-se, era apenas um macaquinho: não estava particularmente bem equipado para sobreviver.

Os cientistas reconstruíram a história de nossa evolução usando a lógica, a imaginação e indícios fósseis. Os fósseis do Mioceno sugerem que o homem ainda não havia se formado: encontramos apenas vestígios dos pequenos símios. Os fósseis do Plistoceno (o período muito mais suportável que se seguiu à seca de 12 milhões de anos) mostram que ele não apenas se desenvolvera como atingira um estado bastante avançado de desenvolvimento – por exemplo, já portava armas.

Mas durante o período do "elo perdido", para usar uma frase muito antiquada, durante o quente e seco Plioceno, durante os 12 milhões de anos em que os estágios mais importantes de nossa evolução devem ter ocorrido, não se encontrou nem um único fóssil de nossa espécie. Na história da humanidade, o Plioceno continua a ser uma lacuna imensa e intrigante. Surgimos em algum lugar, aparentemente. Mas ninguém sabe com certeza exatamente onde.

A lógica e o conhecimento da seleção natural podem, porém, fazer muito para completar os detalhes que faltam. Sabemos, por exemplo, que a diminuição das selvas devem ter apresentado a nosso pequeno ancestral uma escolha terrível. Ele podia ficar onde estava e morrer ou podia sair das árvores. Como espécie, ele obviamente escolheu a última solução. Era o único meio de sobrevivência que se abria a ele.

Quando os tempos são suaves, a evolução se arrasta. O ambiente não favorece as mudanças. Não existe pressão, por assim dizer, para a seleção natural. Quando os tempos são árduos, a evolução dá saltos. Mudanças tremendas ocorrem porque o ambiente favorece a mudança. Não é de surpreender que nosso macaquinho tenha progredido mais nos 12 milhões de anos do proibitivo Plioceno que em duas vezes esse tempo antes dele.

Na savana não havia nem abundância de frutos, nem de abrigo. Repentinamente, a seleção natural favorecia aos mutantes preparados para suplementar a dieta vegetariana com carne e com capacidade para encontrá-la. Sem ter para onde ir, a seleção natural favoreceu aqueles poucos mutantes que estavam preparados para erguer-se e lutar. Muitos deles foram devorados, mas um número suficiente sobreviveu para garantir que um jogo agressivo se tornara parte da espécie.

A seleção natural favorecia a resistência, pois ainda havia muitos, muitos momentos em que era mais sensato correr e continuar correndo do que erguer-se e lutar. A seleção natural favorecia a inteligência para decidir a melhor forma de encontrar e capturar a caça, para saber quando lutar e quando correr.

O homem ou, antes, o símio-homem, tornou-se um caçador. Ele aprendeu a ficar em pé para poder enxergar sua presa a maiores distâncias. Ele aprendeu a persegui-la em duas pernas em vez de quatro. Mais tarde, ele aprendeu sobre o "Equalizador": a clava que tomou o lugar das armas naturais e que se desenvolveu em machado, faca e lança. Foi um desenvolvimento surpreendentemente precoce: um dos mais antigos crânios fósseis que possuímos é de um homem assassinado com a cabeça esmagada por um instrumento rombudo.

No momento em que ele saiu de onde quer que se escondesse durante a escaldante duração do Plioceno, nós teríamos reconhecido nosso macaquinho como um homem. Ele ficava em pé. Ele perdera a maior parte de sua pelagem (que era demasiado quente para as fatigantes atividades de um caçador naquele clima). Ele usava armas. Ele caçava.

Desde o início do Plistoceno não houve mudanças radicais – nada, na verdade, que se compare com as mudanças graças às quais nosso pequeno símio se tornou o *homo sapiens*. Desde então, houve apenas uma longa, lenta e ascendente rotina até que viesse a era das bombas H, do voo espacial e dos computadores. É um quadro muito claro e satisfatório. O único problema é que ele não tem como ser verdadeiro.

A ciência atual deve muito à feminista galesa Elaine Morgan por apontar uma falha nesse quadro, tão básica que destrói toda a superestrutura. Ainda resta saber quando a ciência reconhecerá essa dívida.

A srta. Morgan, em seu *Descent of Woman*, observa que no cenário ortodoxo falta a fêmea da espécie. Logo que ela é introduzida, surge um quadro muito diferente. A pequena símia desce das árvores como os outros, no início do Plioceno. Mas com gene agressivo ou não, ela não está equipada para lutar (os zoólogos falam de babuínos com caninos agudos, inferindo que esses dentes devem ter ajudado nosso pequeno símio a sobreviver; mas apenas os machos estão equipados com esses dentes). Além disso, devemos deixar bem claro, ela também não estava bem equipada para fugir. No curso natural dos acontecimentos, ela seria retardada pela gravidez em algum momento; e mais tarde – se sobrevivesse – seria retardada pela cria. Em suma, ela só estava de fato equipada para ser comida. Ou, se miraculosamente escapasse do leopardo, só estaria equipada para morrer de fome.

Nossa tendência é imaginar um quadro confuso, ligeiramente romântico de nosso distante ancestral masculino trazendo os frutos da caça para sua companheira. Na verdade, ele não teria feito nada desse tipo. Essa necessidade nunca teria lhe ocorrido. Nada em sua história preguiçosa e opulenta no Mioceno o teria preparado para isso. Assim, a pequena símia teria provido sua própria subsistência e a de seus filhos como pudesse. Em um estado avançado de gravidez, e logo depois do parto, ela não poderia caçar. Arranjar-se por si mesma se resumiria então a modificar os antigos costumes vegetarianos – em uma época em que as áreas de vegetação encolhiam cada vez mais.

Qualquer pessoa com metade de um olho pode perceber que para ter uma chance remota de sobrevivência ela teria de se tornar estéril e abandonar seus filhos. Essa resposta é um beco sem saída racial. Mas se ela não abandonasse os pequenos nem se tornasse estéril, seria ela própria eliminada – e em tão pouco tempo que nenhuma evolução ou mutação poderia tê-la salvo. Esse é um outro beco sem saída racial.

Como sabemos que nossa própria espécie não desapareceu, podemos concluir razoavelmente que há algo de muito errado com o quadro ortodoxo que nos mostra como descendentes, no rude período Pliocênico, dos símios da África.

Depois de atirar sua bomba, a Srta. Morgan apresenta suas próprias teorias de como os macacos se transformaram em nós. Este não é o lugar certo para contestá-las. Quero apenas destacar que a visão ortodoxa de nossa evolução deixou de ser válida; e ver quais indícios podem existir para reforçar a visão altamente pouco ortodoxa apresentada neste livro.

Seria inútil que teóricos ocultos tentassem desenterrar indícios de nossa primitiva evolução. Os padrões de energia não têm ossos para fossilizar-se, não exigem artefatos que estabeleçam sua existência muitos milênios depois. Assim, qualquer indício deve vir dos períodos geológicos posteriores em que, conforme as doutrinas tibetanas, ocorreu algum grau de solidificação. É bom lembrar aquilo que estamos procurando:

1) Indicações de que os continentes podem afundar nos mares e continentes novos podem surgir.
2) Indicações de que já houve gigantes na face da Terra.
3) Indicações de que alguma forma de cruzamento entre homens e animais já foi possível; que um meio-homem degenerado já existiu.

4) Indicações de que as civilizações fabulosas das perdidas Lemúria e Atlântida foram algo mais do que um mito.

Essas indicações não comprovariam a teoria oculta, obviamente; mas certamente sugeririam que ela não deve ser deixada completamente de lado. Será que essas indicações existem? Vamos examinar os pontos na ordem.

1) Nenhum cientista nega que vastas alterações geológicas ocorreram na superfície do planeta em um passado distante. A maioria deles certamente negaria que a humanidade ou o reino animal podem tê-las testemunhado. Ao mesmo tempo, mudanças menos importantes, mas ainda muito espetaculares, ocorreram na face do globo em uma época em que certamente havia vida nele. Vestígios fósseis de criaturas marinhas no alto de montanhas (por exemplo, no Oriente Médio) são provas indubitáveis disso. Será que continentes inteiros poderiam ter se erguido do fundo do mar, deslocando outros que afundaram nas ondas? Os cientistas ortodoxos acham que isso seria improvável, mas pouquíssimos chegariam ao ponto de afirmar que seria totalmente impossível. Já em tempos históricos, ilhas inteiras afundaram sem deixar traços como resultado de ação vulcânica.

Vale a pena apontar que não podemos levar muito longe essa linha de raciocínio. A possibilidade de que continentes *podem* afundar não significa que algum continente *tenha* afundado. E mesmo que – como de fato ocorreu – certos geólogos marinhos estejam preparados para sugerir que certas áreas daquilo que agora é o leito do Atlântico já estivera na superfície, ainda está muito longe da ideia de que essas áreas tinham vida, que dirá uma civilização atlante. Mesmo assim, a doutrina secreta ainda não pode ser totalmente rejeitada.

2) Essa é uma área ligeiramente mais controversa, embora não pareça haver muita razão para isso. Mesmo hoje existem

tribos africanas cuja altura média é muito maior daquilo que aceitamos como padrão humano. Nas Américas, o contraste entre o corpulento nova-iorquino e o pigmeu da selva amazônica deveria nos mostrar que não existe nada de inerentemente improvável nas variações extremas na altura da humanidade.

Há diversas lendas antigas sobre uma raça pré-histórica de gigantes – incluindo referências inequívocas no Antigo Testamento, no capítulo da *Gênese*: "Havia gigantes na terra naquele tempo", e ainda, em *Números*, que os gigantes "filhos de Anaque" faziam seus observadores se sentirem, por contraste, pequenos como gafanhotos. Creio que os dias em que uma discussão poderia ser vencida com uma alusão às Escrituras já se foram. Ao mesmo tempo, há uma escola de pensamento que sustenta que a lenda pode representar uma elaboração ou distorção do fato e não uma ficção total – especialmente quando a lenda, como esta, aparece de maneira independente em diversas culturas.

Porém, não é necessário deixar que a teoria de uma raça gigante pré-histórica repouse nos fracos alicerces da lenda. Implementos de pederneira de 3,5 kg foram escavados na Síria. Outros com mais de 4 quilos foram descobertos no Marrocos. Como mostra o autor suíço Erich von Daniken em seu estimulante livro *Gods from Outer Space*, seres capazes de manipular implementos tão desajeitados precisariam ter no mínimo uns 3,5 metros de altura. Se, inversamente, tivessem uma estatura menor, por que se preocupariam em fabricar ferramentas tão monstruosas? Já se encontraram vestígios fósseis de gigantes. O fato de as descobertas estarem muito separadas – China, Java e África – pode indicar que se tratavam de aberrações. Mas também poderia indicar que uma raça de gigantes já esteve espalhada pelo globo.

Finalmente, há pistas intrigantes que podem ser encontradas nas medidas de certos sítios usados para habitação humana no passado distante. Um desses, Tiahuanaco, será examinado em outro tópico. Um outro, descoberto pelos arqueólogos em 1968, é o anfiteatro no planalto El Enladrillado, no Chile. Ali, enormes cadeiras de pedra sugerem que os seres que as usavam deviam ter quase 15 metros de altura!

Essas conclusões são certamente estrambóticas. Mas são inferidas diante dos fatos. Talvez as "cadeiras" não fossem cadeiras de verdade. Talvez fossem esculturas monumentais que não serviam para sentar, ou mesmo fossem apenas para enfeite. Mesmo assim, ainda temos de encarar o mistério de como essas enormes pedras eram trabalhadas. Homens de nossa altura e força atual não poderiam ter feito esse trabalho com as técnicas primitivas que presumivelmente eram usadas na época. Devemos portanto escolher entre a descoberta pré-histórica de técnicas de engenharia altamente sofisticadas – e homens maiores. Nenhuma das escolhas é particularmente palatável à ciência moderna, mas ao menos uma deve ser verdadeira.

3) A Biologia nos ensina que apenas membros da mesma espécie, ou de espécies muito próximas, podem se reproduzir. Assim, embora um cavalo e uma zebra possam ter filhotes, uma girafa não poderia ter sucesso se acasalasse com um hipopótamo – mesmo no caso altamente improvável de ela querer fazê-lo.

Apesar das semelhanças superficiais, não há uma espécie de macaco ou de símio suficientemente próxima da espécie humana a ponto de permitir a fertilização cruzada. Mas isso não significa que essa fertilização cruzada nunca poderia ter ocorrido. As espécies se separam umas das outras no curso da evolução. Mesmo se aceitarmos o quadro científico perfeitamente ortodoxo, não é apenas provável como absolutamente inevitável que tenha havido um momento em nossa história evolucionária no qual estávamos próximos o bastante de determinadas espécies animais a ponto de possibilitar o cruzamento.

No capítulo 10, falei de homens ruivos e homens de rosto azul. Não consegui encontrar exemplos modernos de homens de rosto azul, mas há muitos registros de referências ao tipo de rosto vermelho. É bastante típico o relato dado pelo russo N.A. Baykov a respeito da criatura que viu no sul da Manchúria em 1914. Ela fora capturada e mais ou menos domada por um chinês. Tinha um rosto marrom-avermelhado e corpo peludo. As características animais eram pronunciadas. Embora algumas vezes se erguesse em duas pernas, tinha o hábito de mover-se nas quatro, especialmente quando caçava. Não usava a fala, mas sons animais articulados – rosnados, rugidos e grunhidos. A descrição poderia ter sido tirada diretamente dos antigos registros tibetanos. Odette Tchernine, em cujo livro, *The Yeti*, li pela primeira vez sobre o caso acima, cita muitos exemplos do mesmo tipo de coisa. Os membros de tribos cazaques, por exemplo, relatam a captura de um animal-homem curvado, sem queixo, com grandes orelhas pontudas. Era coberto por um pelo espesso e avermelhado. Em 1934, o geólogo russo B.M. Zdorik encontrou uma dessas criaturas profundamente adormecida. Descreveu os pelos como marrom-avermelhados – mas mais vermelhos que os de um urso.

A ciência moderna tem dificuldades para explicar a existência de criaturas desse tipo. O ocultista, por outro lado, pode ser desculpado por se perguntar, ao menos momentaneamente, se todos os exemplos de reprodução retrógrada entre homens da terceira raça e animais foram, de fato, eliminados.

4) Madame Blavatsky cita Tiahuanaco como exemplo de arquitetura Lemurio-Atlântida. Certamente existem diversas características incomuns nas ruínas dessa antiga cidade

sul-americana. Ela fica em um planalto boliviano a mais de 4 mil metros acima do nível do mar na Cordilheira dos Andes. Porém, dizem alguns observadores que certos aspectos das ruínas fariam mais sentido se fossem parte de um antigo porto. Mesmo se desprezarmos essas especulações, ainda resta o fato inegável de que na atmosfera rarefeita daquela altitude o trabalho pesado se torna praticamente impossível por qualquer período prolongado, mesmo para as pessoas acostumadas a viver na montanha.

Uma das poucas cidades construídas em uma altura comparável é Phag-ri, nas montanhas do Tibete. Trata-se de uma confusão de cabanas provisórias habitadas por pessoas letárgicas e apáticas. Em teoria Tiahuanaco deveria apresentar essencialmente o mesmo aspecto, mas não é assim. Mesmo em ruínas ela exibe construções de escala enorme, quase heroica. Blocos de arenito com até 100 toneladas foram usados. Há lajes com mais de 5 metros de comprimento. Um portão de entrada, ainda em pé, pesa cerca de 10 toneladas e foi escavado em um único bloco de pedra. Toda a obra de cantaria, aliás, tem alto grau de sofisticação e precisão.

Como antes, estamos diante de algo que parece ter sido construído por uma raça fisicamente poderosa (gigante?) com habilidades de engenharia dificilmente equiparáveis atualmente.

Um mistério ainda maior rodeia aquele fascinante ponto no mapa do Pacífico – a Ilha de Páscoa. Simplesmente, a ilha não poderia ter suportado uma população grande o suficiente para produzir as famosas estátuas, muitas das quais chegam às 50 toneladas. Mas há centenas delas mesmo assim. Também não podemos postular que as estátuas podem ter sido entalhadas por uma pequena população ilhoa ao longo de um vasto período, geração após geração. Pois sabemos de onde a pedra para o trabalho foi extraída, sabemos como foi cortada e sabemos qual volume de trabalho ocorreu a um só tempo.

E o que sabemos simplesmente não se encaixa. A ilha não poderia ter provido aos trabalhadores. Se somos tentados a sugerir um comércio marítimo pré-histórico de grandes proporções (embora a ortodoxia não possa nem ouvir falar nisso), devemos perguntar pelo que os habitantes da ilha trocavam os suprimentos. A Ilha de Páscoa não é muito rica em nada. Não há nem mesmo uma árvore ali. Hoje ela abriga apenas algumas centenas de nativos.

Não, a existência das estátuas gigantes deve continuar a ser um completo paradoxo – enquanto continuarmos a insistir que a Ilha de Páscoa é uma ilha.

Mas se, por outro lado, aceitarmos a hipótese dos ocultistas de que a Ilha de Páscoa é o único fragmento restante de um continente que agora está debaixo d'água, o mistério é imediatamente resolvido. Uma cultura lemuriana com reservas de alimento e mão-de-obra poderia ter criado as estátuas, se não facilmente, ao menos sem o uso de magia – a qual, de outra forma, parece ser a única explicação.

Não pretendo, de forma nenhuma, que observações do tipo destacado neste apêndice provem a verdade das doutrinas esotéricas, nem sugiro que sequer se aproximem dessas provas. Mas sustento que elas sugerem questões suficientes para evitar que desprezemos imediatamente as doutrinas esotéricas. E isso, em uma era de cinismo generalizado, já é alguma coisa.

Apêndice II

O Magnetismo de Hitler

Durante minha pesquisa inicial sobre o uso de técnicas ocultas na Alemanha nazista, e particularmente sobre a curiosa capacidade de Hitler de controlar os que estavam a seu lado, escrevi a um experiente ocultista inglês que já citei no texto principal deste livro e a cuja opinião sobre assuntos esotéricos dou grande valor. Sua resposta, por diversas razões, não chegou a tempo de ser incluída no capítulo para o qual seria relevante. Mas embora eu não concorde com tudo o que ele apresenta – particularmente no que diz respeito à fotografia Kirlian – acho que sua opinião é de interesse mais do que suficiente para ser citada aqui. A parte relevante de sua carta diz o seguinte:

"A respeito das questões levantadas sobre a influência de Hitler sobre os povos alemães. Antes de tudo, o que quer que fosse, *não* era hipnotismo – ao menos não no sentido ordinariamente dado à palavra. Nesse ponto sei que o senhor está certo.

"O senhor sugere que podemos estar tratando de mesmerismo no sentido original da palavra e, com certas reservas, creio que está no caminho certo. Porém, estou bastante seguro de que outros fatores entram na questão.

"O magnetismo animal está ligado a correntes etéricas que *não* são as mostradas pelos métodos fotográficos de Kirlian (as fotos Kirlian são de cargas bioelétricas que, embora fazendo parte da orla ou aura, não são o mesmo que as correntes etéricas).

"Eis a minha própria ideia sobre o poder de Hitler. Em primeiro lugar, é preciso perceber o ressentimento incubado dos alemães pela derrota na Primeira Guerra Mundial e as condições excessivamente duras do Tratado de Versalhes. Esse foi o "estopim" dinâmico da Segunda Guerra. Daí é preciso lembrar que muitos anos antes de 1939 já houvera um ressurgimento de pensamento puramente pagão na Alemanha, organizado em torno dos antigos deuses germânicos – que, como você sabe, eram expressões alteradas dos grandes Arquétipos. Essas forças pagãs foram manipuladas por muitos Adeptos alemães durante muitos anos – na verdade, diz-se em determinados círculos ocultos que o grande Chanceler da Prússia, Birmarck, era um Adepto de alto escalão do Caminho da Mão Esquerda.

"Finalmente, temos o mediúnico Hitler, que, por sua natureza desequilibrada, era um esplêndido canal para as forças disruptivas por trás de sua nação. Durante sua ascensão ao poder, os elementos pagãos estavam em casa, como o senhor sabe, e o culto a Odin e Thor tornou-se comum. O próprio Hitler, como o senhor provavelmente leu no *Mein Kampf*, tinha uma natureza de diversas facetas – como a maioria de nós – e não era inteiramente mau. Mas estava indefeso nas garras daqueles que o estavam usando. Estes, por uma manipulação das grandes correntes etéricas das terras alemãs, invocaram reações reflexas na mente e nas emoções do povo alemão. *Era* mesmerismo em uma escala gigantesca – e isso ainda ocorre atualmente em certos países do mundo, assim como essas mesmas correntes nacionais também são manipuladas pelos Senhores da Luz. A diferença reside na intenção e no modo como as forças afetam os que estão sujeitos a elas. Assim, os Mestres da Mão Direita *nunca* dominam ou forçam. As correntes de energia em suas mãos agem como forças incubadoras que permitem aos que são expostos a elas ascender naturalmente a novos níveis de consciência. Não há coerção."

No corpo de meu manuscrito foi difícil evitar um exame profundo das técnicas e crenças ocultas que, eu achava, poderiam apenas confundir o leitor leigo. Porém, é provável que uma parcela dos meus leitores tenha um interesse particular pelo esotérico e, tendo isso em mente, gostaria de agradecer publicamente a este autor por um texto que, embora breve, é bem mais profundo que meus próprios esforços.

Bibliografia

AHMED, Rollo. *The Black Art*. London: John Long.

BESSY, Maurice. *Pictorial History of Magic and the Super-natural*. London: Spring.

BLAVATSKY, H. P. *The Secret Doctrine*. Adyar: Theosophical Publishing House.

BULLOCK, Alan. *Hitler, a Study in Tyranny*. London: Penguin.

BUTLER, E. M. *Ritual Magic*. Cambridge: CUP.

CROW, W. B. *History of Magic, Witchcraft and Occultism*. London: Abacus.

LAMA, Dalai. *My Land and my People*. London: Panther.

EYSENCK, H. J. *Sense and Nonsense in Psychology*. London: Pelican.

GARDNER, Gerald B. *Witchcraft Today*. London: Pedigree.

GREENHOUSE, Herbert B. *Premonitions: a Leap into the Future*. New York: Bernard Geis.

JOHNS, June. *King of the Witches*. London: Peter Davies.

KING, Francis. *Ritual Magic in England*. London: Neville Spearman.

———. *Magic and Perversion*. London: Neville Spearman.

LAVEY, Anton Szandor. *The Satanic Bible*. New York: Avon.

LEVI, Eliphas. *History of Magic*. London: Rider.

MARCUSE, F. L. *Hypnosis. Fact and Fiction*. London: Pelican.

OSTRANDER, Sheila e SCHROEDER, Lynn. *Psychic Discoveries behind the Iron Curtain*. London: Abacus.

_____. *Man, Myth and Magic*. London: Purnell.

PAUWELS, Louis e BERGIER, Jacques. *The Dawn of Magic*. London: Panther.

REGARDIE, Israel. *The Golden Dawn*. São paulo: Madras Editora.

RHINE, Louisa B. *ESP in Life and Lab*. London: Collier.

SHIRER, William L. *Berlin Diary*. London: Sphere.

_____. *The Rise and Fall of the Third Reich*. London: Pan.

TREVOR-ROPER, H. R. *The Last Days of Hitler*. London: Pan.

WAITE, A. E. *The Book of Ceremonial Magic*. New York: University.

WARD, Charles A. *The Oracles of Nostradamus*. London: Leadenhall.

WEST, D. J. *Psychical Research Today*. London: Pelican.

Informações sobre os métodos de treinamento usado pelas lojas da tradição esotérica ocidental foram tiradas principalmente de experiência pessoal, e não de fontes escritas. Os leitores com interesse técnico em Ocultismo, porém, podem encontrar uma quantidade considerável de informações nos trabalhos da falecida Dion Fortune, em BUTLER. W. E. *The Magician: His Training and Work* e Apprenticed to Magic, ou em meu próprio Experimental Magic. Estes útimos três livros, além de diversas obras de Dion Fortune, foram publicados pela Aquarian Press.

MADRAS® Editora — CADASTRO/MALA DIRETA

Envie este cadastro preenchido e passará a receber informações dos nossos lançamentos, nas áreas que determinar.

Nome _____
RG _____ CPF _____
Endereço Residencial _____
Bairro _____ Cidade _____ Estado _____
CEP _____ Fone _____
E-mail _____
Sexo ❏ Fem. ❏ Masc.   Nascimento _____
Profissão _____ Escolaridade (Nível/Curso) _____

Você compra livros:
❏ livrarias   ❏ feiras   ❏ telefone   ❏ Sedex livro (reembolso postal mais rápido)
❏ outros: _____

Quais os tipos de literatura que você lê:
❏ Jurídicos   ❏ Pedagogia   ❏ Business   ❏ Romances/espíritas
❏ Esoterismo ❏ Psicologia ❏ Saúde   ❏ Espíritas/doutrinas
❏ Bruxaria   ❏ Autoajuda   ❏ Maçonaria ❏ Outros:

Qual a sua opinião a respeito dessa obra? _____
_____

Indique amigos que gostariam de receber MALA DIRETA:
Nome _____
Endereço Residencial _____
Bairro _____ Cidade _____ CEP _____

Nome do livro adquirido: ***Reich Oculto***

Para receber catálogos, lista de preços e outras informações, escreva para:

MADRAS EDITORA LTDA.
Rua Paulo Gonçalves, 88 — Santana — 02403-020 — São Paulo/SP
Caixa Postal 12299 — CEP 02013-970 — SP
Tel.: (11) 6281-5555/6959-1127 — Fax.:(11) 6959-3090
www.madras.com.br

MADRAS® Editora

Para mais informações sobre a Madras Editora,
sua história no mercado editorial
e seu catálogo de títulos publicados:

Entre e cadastre-se no site:

www.madras.com.br

Para mensagens, parcerias, sugestões e dúvidas, mande-nos um e-mail:

marketing@madras.com.br

SAIBA MAIS

Saiba mais sobre nossos lançamentos,
autores e eventos seguindo-nos no facebook e twitter:

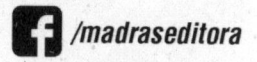

@madrased

/madraseditora